"京津冀钢铁供应链标准化智库研究与应用"项目
"北方工业大学科技创新工程计划（18XN151）"项目

京津冀
钢铁物流园空间布局
机理与模式研究

STUDY ON THE MECHANISM AND MODE OF
SPATIAL DISTRIBUTION OF
STEEL LOGISTICS PARKS IN BEIJING–TIANJIN–HEBEI

马亚东◎著

经济管理出版社
ECONOMY & MANAGEMENT PUBLISHING HOUSE

图书在版编目（CIP）数据

京津冀钢铁物流园空间布局机理与模式研究/马亚东著.—北京：经济管理出版社，
2019.9
ISBN 978 - 7 - 5096 - 6459 - 9

Ⅰ.①京…　Ⅱ.①马…　Ⅲ.①钢铁企业—物流—工业园区—区域规划—研究—华北地区
Ⅳ.①F426.31

中国版本图书馆 CIP 数据核字（2019）第 050563 号

组稿编辑：曹　靖
责任编辑：杨国强
责任印制：黄章平
责任校对：王淑卿

出版发行：经济管理出版社
　　　　　（北京市海淀区北蜂窝 8 号中雅大厦 A 座 11 层　100038）
网　　址：www. E - mp. com. cn
电　　话：(010) 51915602
印　　刷：北京晨旭印刷厂
经　　销：新华书店
开　　本：720mm × 1000mm/16
印　　张：10.25
字　　数：151 千字
版　　次：2019 年 9 月第 1 版　　2019 年 9 月第 1 次印刷
书　　号：ISBN 978 - 7 - 5096 - 6459 - 9
定　　价：68.00 元

前　言

2015 年 4 月 30 日，中央政治局会议审议并通过《京津冀协同发展规划纲要》，京津冀协同发展由此上升为国家战略。为此，京津冀确定了"功能互补、区域联动、轴向集聚、节点支撑"的布局思路，并制定了交通、环保和产业升级转移三大领域优先突破的发展策略；同时指出京津冀协同发展的命题，不仅仅是关于区域经济和社会发展的命题，更是关于治理机制改进的命题。

本书从京津冀钢铁供应链的治理机制改进出发进行研究。本书的研究目标为：在京津冀钢厂越限产、越超产，政府行政意愿在钢厂落实不畅的背景下，如何通过对钢铁物流园的重新空间布局，以市场手段从另一个角度促进行政意愿在钢厂实施与落实。

围绕研究目标，本书提出了需要解决的三大问题：一是京津冀钢铁物流园空间布局方案在协同发展的背景下如何规划？二是在三大先行领域约束下此规划方案应该如何设计并实现？三是此规划方案应如何落实以促进三大先行领域在京津冀钢厂的实施与落实？本书的主要内容分别对应以上三大问题的解答，即京津冀钢铁物流园空间布局的机理、空间布局模型的设计与实现、最佳空间布局方案与政策体系。

本书按照以下内容顺序展开：

第一，在京津冀协同发展的新形势下，行政意愿占据主导地位，不可用传统空间布局约束因素对钢铁物流园的空间布局进行研究。在此情况下，本书定义三大先行领域（交通、环保和产业升级转移）为京津冀钢铁物流园空间布局的行政约束因素。然后通过文献综述，发现行政约束因素并不能对京津冀钢铁物流园的空间布局形成有效的约束。

第二，引入行政约束因素各自的替代约束因素（运输成本、钢铁产量和钢铁结构）作为市场约束因素，对京津冀钢铁物流园的空间布局进行研究。为了保证逻辑严谨，本书用实证检验的方式证明行政约束因素可以推导出市场约束因素；然后分析表明市场约束因素对于京津冀钢铁物流园空间布局的约束是充分的，可以推导出钢铁物流园的空间布局模型。

第三，在将钢铁物流园的空间布局属性分为产业属性和空间属性的基础上，分析对应新经济地理学三大核心理念（消费者多样性偏好、规模收益递增和冰山运输成本）的钢铁物流园规划，并以此为基础提出了京津冀钢铁物流园的空间布局机理：在京津冀钢铁物流园最佳空间布局方案的基础上，用行政"硬着陆"的方式促使钢铁物流园空间集聚，形成大型、复合型的钢铁物流枢纽；然后通过钢铁物流枢纽空间集聚与钢厂空间集聚的互动关系，通过市场"软着陆"的方式，促进行政意愿在钢铁行业的实施与落实。

第四，在机理的基础上，以市场约束因素为基础，结合新经济地理学 C-P 拓展模型的理论，构建了京津冀钢铁物流园的三大空间模型——产业属性模型、单源钢铁物流园空间属性模型和多源钢铁物流园空间属性模型，并以这三个模型及其算法为基础，设计出具有实用意义的动态布局模型。

第五，以动态布局模型为基础，设计出适合京津冀钢铁物流园的最佳空间布局方案。在此基础上，构建了行政意愿在京津冀钢铁物流园和钢厂"硬着陆"的初期政策保障体系和可促进市场手段"软着陆"的后期规划战略。随后，对"软着陆"可否促进三大先行领域在京津冀钢铁行业的落实进行了分析，从而形成了本书三大问题从提出到解答上的闭环。

囿于笔者自身学术功底和研究环境的限制，不足之处在所难免。在本书的结论部分对此做了总结，并展望了未来研究的努力方向。

目　录

第1章 绪 论

1.1 选题的背景

2015 年 4 月 30 日，中央政治局会议审议并通过了《京津冀协同发展规划纲要》（以下简称《纲要》），从此京津冀协同发展上升成为国家战略[1]。为此，京津冀确定了"功能互补、区域联动、轴向集聚、节点支撑"的布局思路，并制定了交通、环保和产业升级转移三大领域优先突破的发展策略；同时指出，京津冀协同发展的命题，不仅仅是关于区域经济和社会发展的命题，更是关于治理机制改进的命题。

京津冀地区是全世界钢铁产能最为集中的区域，钢厂也是公认的区域雾霾主源。在三大领域优先突破实施后，京津冀地区的钢厂首当其冲成为政府行政意愿关注的重点对象。作为钢铁供应链的枢纽环节——钢铁物流园，也必将面临着行政意愿的重新规划布局。

在京津冀地区钢厂空间布局无法改变，而钢铁物流园的空间布局现状急需规范的情况下，如何通过钢铁物流园的空间布局，以充分发挥并增强其供应链的枢纽作用，进而促进三大先行领域对于钢铁行业治理机制的改进，是本书研究的重点。

基于以上背景，本书将《京津冀钢铁物流园空间布局机理与模式研究》作为选题，并进行相应的研究。

1.1.1 京津冀协同发展战略的形成历程

京津冀地处华北沿海，是我国政治、文化、科技、国际交往的核心区域，也是我国和长三角、珠三角并列的三大经济核心区之一。京津冀作为环渤海地区和北方腹地经济发展的龙头区域，其协同发展战略事关中国首都的空间布局、地缘安全、南北平衡、创新能力，以及国际交往，因此是关系我国全局统筹发展的顶级战略。

京津冀协同发展由来已久。在古代，京津冀协同发展的主要节点可以追溯到隋朝（公元 581~618 年）大运河的开通。隋朝的大运河永济渠沟通了北京、天津、河北三地，带动了京津冀协同发展，这是最早的京津冀协同。隋朝之后的唐朝（公元 618~907 年）中叶，以及金、元定都北京以后，天津逐渐成为拱卫北京的军事重镇和漕粮转运中心。

近代京津冀协同发展的主要节点，是 1860 年天津被辟为通商口岸，逐渐发展成为中国北方的对外开放前沿、北方最大的金融商贸中心以及第二大工商业城市。

现代京津冀协同发展，经历了新中国成立至 1980 年前和 1980 年后两个不同时段。1949 年，新中国定都北京，北京成为全国政治中心。1953 年的《改建与扩建北京市规划草案的要点》提出北京的定位：一是我国的政治、经济和文化中心；二是强大的工业基地；三是科学技术中心。天津在功能性质上则一直仅定位于综合性工业基地，且在 1958~1967 年一度还被降格为河北省辖地。

2001 年，吴良镛提出大北京规划，引起了巨大反响，为深度推进京津冀区域经济一体化做出了重大理论贡献。在 2004 年 2 月 12~13 日，"京津冀地区经济发展战略研讨会"在河北廊坊召开，各地发展与改革委员会的与会代表经过充分协商，就一些原则问题达成了旨在推进"京津冀经济一体化"的"廊坊共识"；当年 6 月，商务部和京、津、冀、晋、蒙、鲁、辽 7 个省区市达成《环渤海区域合作框架协议》。"廊坊共识"和《环渤海区域合作框架协议》对于京津冀区域协作进程具有里程碑意义，标志着京津冀协同发展从学术界的理论探讨走向政府的实际行动。

2005 年，国务院批复的《北京城市总体规划（2004～2020 年）》提出了京津冀地区在产业发展、生态建设、环境保护、城市空间与基础设施布局等方面的协作。2006 年，京津冀区域发展的规划问题被写入"十一五"规划，同年以京津冀区域发展合作研究为主题的联席会议在河北廊坊举行，标志着京津冀三地政府层面的区域发展合作研究全面启动。同年，国家发展改革委开始组织编制《京津冀都市圈区域综合规划》。

党的十八大以后，京津冀协同发展的重要性日渐提升，最终上升为我国的重大国家战略。2013 年 5 月，习近平总书记在天津调研时提出，北京和天津要共同谱写新时期社会主义现代化"双城记"，从实质上明确了首都圈的"双引擎"；2013 年 8 月，习总书记在北戴河主持研究河北发展问题时，对河北提出了推动京津冀协同发展的要求，这在实质上明确了从国家顶层设计首都圈规划范围时包括河北[2]。

2014 年 2 月 26 日，习近平总书记在北京主持召开京津冀协同发展座谈会，专题听取各界具体的工作汇报。总书记强调实现京津冀协同发展，是基于四个需要：一是探索完善城市群布局和形态、为优化开发区域发展提供示范和样板的需要；二是探索生态文明建设有效路径、促进人口经济资源环境相协调的需要；三是面向未来打造新的首都经济圈、推进区域发展体制机制创新的需要；四是实现京津冀优势互补、促进环渤海经济区发展、带动北方腹地发展的需要。总书记要求，京津冀协同发展是一个重大国家战略，要坚持优势互补、互利共赢、扎实推进，加快走出一条科学持续的协同发展之路来。随后，2014 年 8 月，国务院成立了京津冀协同发展的专门领导小组，并将"首都经济圈发展规划"调整为"京津冀协同发展规划"[3]。长久以来，京津冀协同发展一直在缓慢而持续地向前推进。

1.1.2 京津冀协同发展新规划

2015 年 4 月 30 日，中央政治局会议审议并通过的《京津冀协同发展规划纲要》（以下简称《纲要》）指出，持续推进京津冀协同发展是一个重大国家战略，其核心是有序疏解北京的非首都功能[4]。《纲要》从各个层面对未来的京津冀协同发展进行了规划。具体为：

1.1.2.1 三地定位

《纲要》对京津冀协同发展的全局定位是：打造"以首都为核心的世界级城市群、区域整体协同发展改革引领区、生态修复环境改善示范区、全国创新驱动经济增长新引擎"。

京津冀协同发展的全局定位体现了京津冀三地"一盘棋"的核心思想，在发展中要突出错位发展、功能互补、相辅相成的理念；三地各自的定位要服从和服务于区域整体定位，要增强整体性，要符合三地协同发展的战略需要。

《纲要》对京津冀三地的具体定位是：北京继续保持政治、文化、国际交往、科技创新四个中心地位不变；天津调整为一个基地三个区，即全国先进制造研发基地、改革开放先行区、金融创新示范区、国际航运核心区；河北调整为一个基地三个区，即全国现代商贸物流重要基地、京津冀生态环境支撑区、产业转型升级试验区、新型城镇化与城乡统筹示范区[4]。

1.1.2.2 发展目标

京津冀协同发展的目标分为三个阶段，分别是：

（1）近期：到 2017 年，有序疏解北京非首都功能工作取得明显进展，在符合协同发展目标的交通、环保和产业升级转移等重点领域率先取得突破，深化改革、创新驱动、试点示范工作有序推进，京津冀协同发展取得显著成效。

（2）中期：到 2020 年，北京常住人口控制在 2300 万人以内，北京的"大城市病"等突出问题得到有效缓解；京津冀的区域交通一体化网络基本形成，生态环境质量得到明显改善，产业的联动发展取得重大突破。公共服务共建共享工作取得积极成效，协同发展机制能够有效运转，区域内发展差距逐步缩小，初步形成京津冀三地协同发展、共同进步、互利共赢的新局面。

（3）远期：到 2030 年，首都核心功能更加优化，京津冀三地区域一体化格局基本形成，区域的经济结构更加合理，生态环境总体质量保持良好，公共服务水平趋于均衡水平；三地发展成为具有较强国际竞争力和影响力的重点区域，在引领和支撑全国经济发展中发挥出更大作用[4]。

1.1.2.3 功能疏解

当前，北京作为首都，受到人口过度膨胀、交通日益拥堵、房价持续高涨、雾霾天气频现、资源环境承载力严重不足等问题的压力和困扰。造成这些问题的根本原因是北京集聚了过多的非首都功能。其解决方案是，按照习近平总书记重要指示精神，积极推进京津冀协同发展工作的持续、高效运行，有序疏解北京非首都功能。

疏解的对象是：

（1）一般性产业特别是高消耗产业。

（2）部分医疗、培训机构、教育等社会公共服务功能。

（3）部分企业总部和行政性、事业性服务机构。

（4）部分区域性专业市场、物流基地等。

疏解的原则是：

（1）坚持政府引导与市场机制相结合的原则。一方面要充分发挥政府规划、政策的引导作用，另一方面又要发挥市场的主体作用。

（2）坚持集中疏解与分散疏解相结合的原则。要充分考虑疏解功能的不同性质和特点，灵活采取集中疏解或分散疏解的方式。

（3）坚持严控增量与疏解存量相结合的原则。既要把住增量关，明确总量控制的目标；也要积极推进存量的调整，引导不符合首都功能定位的非核心功能向周边地区疏解。

（4）坚持统筹谋划与分类施策相结合的原则。要将北京城六区不同发展的重点要求和资源环境的承载能力统筹谋划，并建立健全倒逼机制和激励机制，有序推出改革的举措和相应的配套政策，做到因企施策、因单位施策[4]。

1.1.2.4 空间布局

根据《纲要》的规划，京津冀明确了"功能互补、区域联动、轴向集聚、节点支撑"的布局思路，并确定了以"一核、双城、三轴、四区、多节点"为骨架，以有序疏解北京非首都功能为目标，以构建重要城市为支点，以战略性功能区平台为载体，以交通干线、生态廊道为纽带的网络型空间布局格局。其中对于"骨架"的定义为：

（1）"一核"，即北京。即京津冀协同发展的首要任务是：有序疏解北京非首都功能、优化提升核心功能、解决北京"大城市病"问题。

（2）"双城"，即北京、天津。即将北京、天津的发展作为京津冀协同发展的主要引擎，强化京津联动，全方位拓展相互合作的广度和深度，加快实现同城化发展，以在京津冀三地发展中共同发挥高端引领和辐射带动作用。

（3）"三轴"，即京津、京保石、京唐秦三个产业发展带和城镇集聚轴。这是支撑京津冀协同发展的主体框架。

（4）"四区"，即中部核心功能区、西北部生态涵养区、南部功能拓展区和东部滨海发展区。每个功能区都应有明确的空间范围和发展重点。

（5）"多节点"，即包括石家庄、唐山、邯郸和保定等区域性中心城市和张家口、廊坊、承德、秦皇岛、邢台、沧州、衡水等节点城市。其重点是提升城市综合承载能力和服务能力，有序推动产业集聚和人口集聚[4]。

1.1.3 问题的提出

为了保障《纲要》关于产业空间布局的顺利进行，就要在三大先行领域方面进行规划和优先突破。具体为：

1.1.3.1 交通领域

按照一体化服务、网络化布局和智能化管理的要求，构建以轨道交通为骨干的网格状、全覆盖、多节点的交通网络，提升交通运输组织和服务现代化水平，建立统一、开放的区域运输市场格局。

交通领域的重点是：完善便捷通畅公路交通网，建设高效密集轨道交通网，打通国家高速公路"断头路"，从根本上全面消除跨区域国省干线"瓶颈路段"；并加快构建现代化的津冀港口群，着力打造国际一流的航空枢纽，同时加快北京新机场建设；提升交通智能化管理水平和区域一体化运输服务水平，发展安全、绿色的可持续发展交通[4]。

1.1.3.2 环保领域

按照"统一规划、联合管理、严格标准、协同互助、改革创新"的原则，打破行政区域限制，促进绿色循环低碳发展，推动能源生产和消费革命，扩大区域生态空间，加强生态环境保护和治理。

环保领域的重点是：建立一体化的环境准入和退出机制，联防联控环境污染；同时加强环境污染治理，大力发展循环经济，实施清洁水行动，推进生态保护与建设，谋划并建设一批环首都国家公园和森林公园，以全面应对气候变化[4]。

1.1.3.3 产业升级转移领域

从我国生产力全面布局出发，明确三省市产业发展定位，并理顺产业发展链条，同时加快产业转型升级，全面打造立足区域、服务全国并可辐射全球的优势产业集聚区。

产业升级转移领域的重点是：明确产业的定位和方向，推动产业转移对接，加快产业转型升级；制定京津冀产业指导目录，加强三省市产业发展规划衔接；加快津冀承接平台建设，并加强京津冀产业协作等[4]。

1.1.3.4　实施要求

统筹行政指令、市场意愿和法律意志，是协调京津冀区域的要素资源整合、实现跨区划治理的先决条件。

行政意愿与市场意愿的协调，提供的是科学规划、有序实施的方法；而法律意志提供的是基本保证。

因此，京津冀协同发展的命题，不仅仅是关于区域经济和社会发展的命题，实质上更是关于治理机制改进的命题。治理机制改进，具有远比项目落实更关键的先导作用。合理、有效地落实三大先行领域，必须从三大领域对于具体行业的影响机制或机理研究入手，并在科学的机制改进的指引下，解决相关行业的项目实施与落实问题。

1.1.3.5　需解决的问题

随着《纲要》的实施，京津冀的钢厂首当其冲成为行政意愿关注的重点。京津冀钢铁产量严重供大于求，在短期内基本不存在用市场意愿协调的可能；因此，在京津冀钢铁行业落实三大先行领域，必须以行政意愿为主。但实际上，行政意愿在京津冀的钢厂的落实情况却并不理想[①]。

上文所述：京津冀协同发展问题，更重要的是关于治理机制改进的命题。由此本书大胆假设：既然京津冀钢厂对三大先行领域的行政意愿执行不力，而其供应链上的枢纽环节——钢铁物流园确实对钢厂能产生互动传导作用，那么可否提出改进治理机制，即可否通过对问题诸多的钢铁物流园进行空间布局方面的整合，使其形成空间上的集聚，从而促进三大先行领域对于钢铁行业除行政命令之外的实施落实。

基于以上假设，特提出本书需要解决的三大问题：

（1）京津冀钢铁物流园空间布局方案在协同发展的背景下如何

---

① 2016 年，各地为应对大气污染所实施的钢厂停限产行动中，真正按照政府要求实施了停限产的是那些单位产品污染物排放量低的企业，而一些环保水平较差的企业不但没有限产，反而大幅增产。以 2016 年 11 月产量为例，首钢、唐钢、邯钢等环保水平高的企业钢产量分别同比下降 5.64%、13.99%、7.23%，而部分企业 11 月钢产量同比增加 20% 以上，这属于典型的不公平竞争，是劣币驱逐良币的行为。

规划?

（2）在三大先行领域约束下此规划方案应该如何设计并实现?

（3）此规划方案应该如何实施以促进三大先行领域在京津冀钢铁行业实施落实?

本书的主要内容，分别对应以上三大问题的解答，即：京津冀钢铁物流园空间布局的机理；空间布局模型的设计与实现；最佳空间布局方案与政策体系。

1.2　选题的意义

本书将通过行政意愿以保证三大先行领域在钢铁行业的实施落实，称为"三大先行领域在钢铁行业的硬着陆"；而通过钢铁物流园的市场行为，促进三大先行领域在钢铁行业的实施落实，称为"三大先行领域在钢铁行业的软着陆"。

1.2.1　理论意义

以往对于物流园或产业园空间布局的研究，基本上是从自然环境、经营环境等传统的约束因素方面着手；物流园或产业园的空间布局规划，也以市场为主导，以企业为主、政府为辅。随着《纲要》的实施，物流园或产业园的空间布局，将更侧重于政府规划和主导，而以企业为辅。

从理论层面上来说，本书的意义在于：

（1）在京津冀协同发展新形势下，钢铁物流园空间布局的约束因素，将从传统因素转为行政因素；在行政因素不可用的情况下，由替代因素间接约束。这在空间布局的理论上，属于创新应用。

（2）不同于单个钢铁物流园空间选址的研究，本书研究的是在京津冀协同发展新形势下，整个京津冀地区的钢铁物流园空间布局的问题，以及在此布局模式下，对钢铁供应链的传导问题。这使本书从研究对象的规模上，以及研究内容的深度上，都具有一定的理论借鉴意义。

（3）从理论上以政策建议的方式构建了京津冀钢铁供应链的倒逼机制和激励机制，建立了产业联动发展在钢厂和钢铁物流园之间的理论探索，符合《纲要》治理机制创新的要求。

1.2.2 实际意义

京津冀地区钢厂众多，基本不存在重新空间布局的可能。而京津冀地区的钢铁物流园，却具备借《纲要》东风，重新空间布局的先天优势。本书的研究，为京津冀钢铁行业改进了治理机制，并提出了实现的途径和方法。

从市场方面来说，根据产业集聚方面的研究表明，产业集聚必将促进相关的服务业集聚，二者存在产业互动和空间互动的二重性关系，这是大势所趋[4]。钢铁行业在京津冀地区尤其是河北地区已经集聚，但为之服务的钢铁物流园却未形成相应的集聚；这为京津冀钢铁物流园的空间布局提供了市场需求方面的支撑。

从政策方面来说，产业布局方面的研究表明，京津冀对现代服务业的空间布局应视经济目标而定，如果以改善就业为主，那么现代服务业的空间布局要采用分散化、网络化布局的模式；如果以拉动经济增长及调整产业结构为主，那么现代服务业的空间布局则应以产业集聚模式为主[5]。随着《纲要》的实施，属于现代生产性服务业范畴的钢铁物流园，其空间布局不论是从理论上还是从政策上，都必须以集聚模式为主。

从技术方面来说，随着物联网、大数据、云计算，以及相应的物流信息技术的发展，钢铁行业在产品和服务方面标准化方面工作的推进，使建设以市场信息为基础、以钢铁仓储为主业、以钢铁运输与加工为配套、以综合性服务功能为手段、以钢铁规模收益最大化为目标的现代钢铁物流园的构建成为可能；通过信息化手段可以整合钢铁物流数据、共享业务资源、消除钢铁物流园空间布局地域上的不利和不便；这为京津冀钢铁物流园的空间布局提供了技术实现的可能和有力的支撑。

因此，京津冀钢铁物流的空间布局研究，既可以适应市场的需求，也可以适应《纲要》实施过程中政策方面的需求，且技术手段已经具备使此空间布局模式实施落实的先决条件。从京津冀钢铁物流园空间布局的机理上来看，本书构建的体系，符合《纲要》中"功能互补、区域联动、轴向集聚、节点支撑"的统一布局思路。

希望本书的研究能对京津冀钢铁物流园的规范运作、三大先行领域在京津冀钢铁行业的实施提供理论上的支持。

1.3 研究方法和创新点

1.3.1 研究方法

1.3.1.1 新经济地理学的理论与方法

京津冀钢铁物流园空间布局模型，分为产业模型和空间模型两类。本书通过对新经济地理学适用性的研究，用其规模收益递增的理论作为构建产业模型的基础；用"冰山运输成本"的 C - P 模型并通过对其拓展，作为构建空间模型的基础。

1.3.1.2 系统建模方法

本书采用系统建模的方法，通过定量的能够反映京津冀钢铁物流园产业属性和空间属性的指标，以及其中的最小规模、总运输成本最低的原则，构建出相应规律的数学表达式，并对其进行约束因素的抽象和模拟；同时，通过数学的方法对模型进行最优解的求解设计。

1.3.1.3 运筹学方法

本书首先用变量和方程的方式，求解出交通、环保和产业升级转移三大领域对钢厂产量和结构的约束关系；其次构建了京津冀钢铁物流园空间布局与行政约束、市场约束的相互关系模型（即产业属性模型和空间属性模型）。由于约束因素之间关系的广泛性和复杂性，依靠定性分析的方法，难以做出正确的判断，因此本书借助于定量分析方法，用数学模型给出可以定量计算的方法。运筹学主要研究系统最优化的问题，因此，在本书的模型建立和求解时，需要运用运筹学的方法和理论。

1.3.1.4 数理模拟方法

数学模拟是经济地理学中重要的定量分析方法。本书运用 Eviews 软件，通过对相应历史数据的平方根检验、协整方程和格兰杰因果检验等方法，模拟出了各约束因素之间的相互关系。同时运用 Excel 软件，对产业属性模型和空间属性模型进行动态实现设计。

1.3.2 创新点

（1）新约束因素和约束方式：在京津冀协同发展新形势下，行政意愿占据主导地位，不可用传统空间布局约束因素对钢铁物流园的空间布局进行约束，故本书定义三大先行领域（交通、环保和产业升级转移）为钢铁物流园空间布局的行政约束因素；在发现行政约束因素不能对钢铁物流园的空间布局形成有效约束的情况下，引入并论证了行政约束因素的替代约束因素（运输成本、钢铁产量和钢铁结构），并将其定义为市场约束因素，对钢铁物流园的空间布局实行间接约束。

（2）新空间布局机理：不同于空间集聚的模式，本书着眼于整个京津冀地区钢铁物流园的空间分布，在将钢铁物流园的空间布局属性分为产业属性和空间属性的基础上，分析了对应新经济地理学三大核心理念（消费者多样性偏好、规模收益递增和冰山运输成本）的钢铁物流园规划需求；然后以此需求为基础，提出了京津冀钢铁物流园的空间布局机理，即在京津冀钢铁物流园最佳空间布局方案的基础上，用行政"硬着陆"的方式促使钢铁物流园空间集聚，形成大型、复合型的钢铁物流枢纽；最后通过钢铁物流枢纽空间集聚与钢厂空间集聚的互动关系，通过市场"软着陆"的方式，促进行政意愿在钢铁行业的实施落实。

（3）新实现方式：本书以市场约束因素为基础，结合新经济地理学规模收益递增理论和 C – P 拓展模型的理念，构建了京津冀钢铁物流园的三大空间模型——产业属性模型、单源钢铁物流园空间属性模型和多源钢铁物流园空间属性模型；以这三个模型及其算法为基础，设计出具有实用意义的动态布局模型；以动态布局模型为基础，设计出适合京津冀全局和局部的钢铁物流园最佳空间布局方案，并以此构建了"硬着陆"的初期政策保障体系和可促进"软着陆"的后期规划战略。

1.4　技术路线

前文 1.1.3 节已述本书的主要内容是如何解答三大问题，因此本书的技术路线如图 1.1 所示。

本书围绕如何通过钢铁物流园空间布局使三大先行领域的"行政意愿"和"市场意愿"在京津冀钢铁行业得以实现进行研究。本书首先通过文献综述和理论研究，提出了京津冀钢铁物流园空间布局的约束因素；其次构建了空间布局的机理；基于机理，设计出相应的空间布局模型及其实现模型；最后基于实现模型，设计出京津冀钢铁物流园的最佳空间布局方案及其配套的政策体系、政策评价。

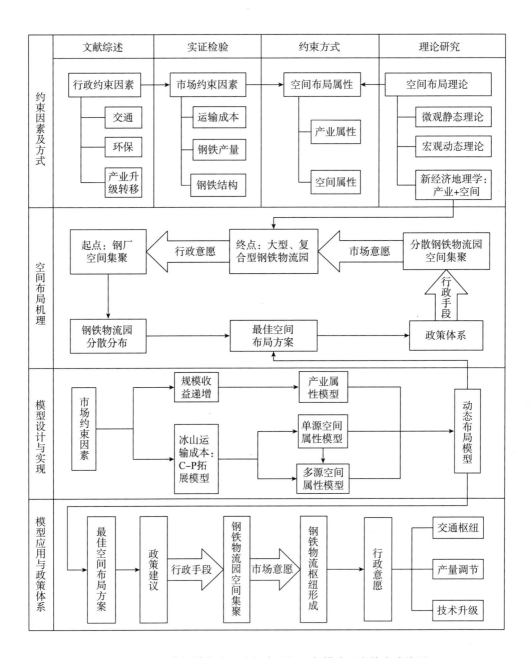

图 1.1　京津冀钢铁物流园空间布局机理与模式研究技术路线图

1.5　本章小结

本章在京津冀钢铁物流园现状的基础上，结合《京津冀协同发展规划纲要》的指导精神（即京津冀协同发展的命题，不仅仅是关于区域经济和社会发展的命题，更是关于治理机制改进的命题），在京津冀现有的钢铁行业空间布局无法改变的前提下，研究如何通过发挥钢铁物流园的供应链枢纽作用，以实现三大先行领域对于钢铁行业的改进治理机制。

为此，本章提出了本书需要解决的三大问题：一是京津冀钢铁物流园空间布局方案在协同发展的背景下如何规划？二是在三大先行领域约束下此规划方案应该如何设计并实现？三是此规划方案应该如何落实以促进三大先行领域在京津冀钢铁行业实施落实？

此三大问题的解答，分别对应本书的三大研究内容：京津冀钢铁物流园空间布局的机理；空间布局模型的设计与实现；最佳空间布局方案与政策体系。

同时，本章对本书的研究意义，从理论和实际两方面进行了总结。提出了三大先行领域钢铁行业以"行政意愿"实行"硬着陆"，再以"市场意愿"推进"软着陆"的思路，而其媒介就是钢铁物流园。通过对钢铁物流园的空间布局，优化及充分拓展其功能定位，以循序渐进的方式促进治理机制改进。

最后，本章提出了本书的技术路线：首先通过文献综述和理论研究，提出了京津冀钢铁物流园空间布局的约束因素；其次构建了空间布局的机理；基于机理，设计出相应的空间布局模型及其实现模型；最后基于实现模型，设计出京津冀钢铁物流园的最佳空间布局方案及其配套的政策体系、政策评价。

以下章节将围绕本书技术路线的思路分别展开研究。

第 2 章　文献综述

　　《纲要》的实施，钢铁物流园的空间布局将以原先的市场主导上升到政府主导，三大先行领域成为唯一一组空间布局约束因素，本书将其定义为行政约束因素。

　　本章围绕京津冀钢铁物流园空间布局的约束因素展开文献综述。基于京津冀钢铁物流园和钢铁行业的特点，同时，考虑本书的理论支撑，在研究行政约束因素对物流园空间布局的影响时，本书将有的放矢，而不是全领域总览。如研究交通领域对于物流园空间布局的影响，将只研究国内外关于运输成本对空间布局的影响，而不是整个交通领域如交通路网、交通设施、交通理论等方面，因为在行政意愿之下，运输成本是影响京津冀钢铁物流园空间布局的唯一约束因素，其他方面都不再纳入研究范畴。环保、产业升级转移领域的研究侧重点，也与交通领域研究选题的思路一致。

2.1　传统约束因素研究

　　国内外关于物流园空间布局约束因素的研究较少，关于钢铁物流园空间布局约束因素的研究基本空白，而对于物流园选址技巧方面的研究较多；但选址技巧方面的研究，不符合本书的选题要求。

　　鉴于钢铁物流园是为钢铁行业服务的枢纽环节，属于生产性服务业的范畴，故本节对生产性服务业空间布局的约束因素进行文献综述。

2.1.1　国内研究

2.1.1.1　理论方面的研究

袁丹等认为，劳动力因素、技术创新水平、产业因素、市场开放水平和政策支持因素是促进区域生产性服务业空间布局的主要约束因素；可以通过发挥空间上的正向溢出效应，促进我国生产性服务业空间布局水平的提升和协调发展[6]。

毕斗斗等认为，信息技术、经济发展水平、城市化、经济开放度、地理位置等约束因素与我国生产性服务业空间布局正向相关。与理论假设相反的是，工业化、人力资本、市场化、产权变迁等约束因素与生产性服务业空间布局负相关；而且各约束因素的影响程度随着空间位置的移动而变化[7]。

李一等认为，生产性服务业空间集聚模式是政府主导下的城市化与经济全球化相结合的产物；经济开放程度、外商直接投资（FDI）和工业化水平是三大影响生产性服务业行业发展和空间布局的约束因素，且我国生产性服务业的行业发展存在明显的区域不均衡，三个因素对全国各个省份的影响程度也不尽相同；经济开放程度和 FDI 对我国中西部省份的生产性服务业空间集聚分别存在更强的双向作用，而工业化水平对我国东部省份的生产性服务业空间集聚则存在更强的负向作用[8]。

2.1.1.2　实证方面的研究

中国生产性服务业空间布局的格局与过程充分体现了市场与政府的空间博弈过程。

陈殷等认为，生产性服务业空间布局既受传统区位空间布局要素约束，还取决于相关企业内部的等级关系、服务行业与新信息技术的对接机会、拥有潜在适应能力强的劳动力群体等[9-10]。

陈建华和谢媛认为，在工业化尚未完成又面临信息化升级时，人力资本积累的匮乏、劳动力无限供给和基础设施短缺会导致生产性服务业在经济区域的空间极化更为突出[11]。

狄乾斌等认为：人力资本对生产性服务业的空间集聚呈正相关作用；创新能力对生产性服务业空间集聚的贡献为正，但存在减小的趋势；工业发展水平对生产性服务业空间集聚的贡献为正；对外开放水平与生产性服务业空间集聚呈明显的负相关；市场规模对生产性服务业空间集聚的贡献为正，且有增强的趋势[12]。

邵晖等认为：从京津冀地区的生产性服务业空间布局的专项研究来看，其空间布局的约束因素研究表明：生产性服务业空间布局是以包括规模效应和外部联系在内的市场约束因素、以包括政府规划和宏观政策在内的行政约束因素一起，共同作用的结果；两者需要协同发展才能取得最佳的布局效应[13-18]。

2.1.2　国外研究

国外对于生产性服务业空间布局约束因素的研究多是基于典型案例分析，本书将其定义的约束因素加以归纳，主要分为以下七个方面：

（1）土地成本或租金价格。随着信息技术的发展和行业分工的细化，包括土地成本或租金价格在内的成本因素仍是导致低等级生产性服务业、高等级生产性服务业内部低功能部门、小规模生产性服务业企业向经济区域郊区分散化的主要原因[19-23]。

（2）面对面接触的需求。基于"事前定价、事后检验"的产业特性所导致的服务效用不确定性容易引发机会主义和道德风险，包括面向投入的后向联系需求以及面向产出的前向联系需求，此二者的面对面交流接触是促使信息密集型生产性服务业空间上集聚的重要约束因素[19,24-26]。当交易强度所占比重较高时，具有"前台功能"的生产性服务业由于面对面接触需求增大，从而保持持续的空间布局上的集聚态势[20,27-28]。

（3）信息与通信技术发展。信息技术引发的信息与通信技术发展，以及技术的应用对生产性服务业空间布局产生了双重影响。一方面，企业可以摆脱传统的媒介约束，可以无障碍地在任何地方获取所需信息，不受地域限制，这将导致生产性服务业的某些行业或部门实现"去中心化"；另一方面，对于侧重保密信息、风险或不确定性较大的行业或部门，面对面的接触仍然重要，这就造成了其必须保持"中心化"[19,29-31]。

（4）政府规划与政策引导。Sam 等通过对首尔[32]、Morshidi 对吉隆坡的研究发现[33]，政府关于空间布局的规划调控和政策引导对生产性服务业中心集聚的形成及演变具有重要意义。

（5）企业的品牌效应。生产性服务业"事后检验性"对企业空间位置的选择的另一个影响体现为企业特别重视形象和声誉，从而避免不必要的高额交易成本，具体表现为生产性服务业有向高知名度区域集聚的趋势，以增强其交易机会和可信赖性[34-35]。

（6）文化氛围与创新环境。非正式的社会关系网络、生产性服务业的企业间的正式合作和技能劳动力流动等集体学习的机制[36]，以及社会文化接近形成的共同价值观和"非交易下的互相依赖"[37-38]，有助于形成知识密集型生产性服务业在空间上的集聚。

（7）全球化和城市化。还有学者从全球化、城市化的角度探讨了生产性服务业空间布局的原因。许多生产性服务业企业，尤其是一些大型企业都需要全球化经营，此类企业一旦能够位于一个国际化都市的知识密集型服务业集聚区中，就有很大可能获得发展对外全球化联系的额外优势。另外，服务业存在明显的城市化经济和地方化经济效应，企业在国际化的过程中大多采取跟随战略，即跟随目标客户和行业内的领头企业的区域附近，集聚在城市特别是大城市内[39]。

2.1.3 小结

国内对生产性服务业空间布局约束因素的研究，可以总结分类为：

（1）宏观约束因素：经济开放程度、外商直接投资（FDI）和工业化水平。

（2）中观约束因素：城市化、经济发展水平、技术创新水平。

（3）微观约束因素：劳动力、产业、市场开放水平、政策支持和指引、信息技术、地理位置等。

国外对生产性服务业空间布局约束因素的研究，相对国内的研究来说，更加体现的是人文方面和市场方面的考虑，属于微观层面的约束。

京津冀协同发展是国家战略，是国家在经济体量、经济发展水平和发展要求达到一定程度而制定的顶级战略。京津冀协同发展之下的钢铁物流园空间布局，更加需要侧重考虑的是微观层面的行政约束和市场约束相结合的方式，在本节针对京津冀地区生产性服务业空间布局约束因素的专项研究方面，相关文献也认为：京津冀生产性服务业空间布局是以包括规模效应和外部联系在内的市场约束因素、以包括政府规划和宏观政策在内的行政约束因素一起，共同作用的结果。这符合《纲要》关于京津冀协同发展中"行政意愿和市场意愿的协调，提供的是科学规划、有序实施的方法"的指引思想[4]。

2.2 交通领域之运输成本的约束研究

目前，国内外关于交通领域空间布局的约束，主要集中在对城市空间的研究，如：交通设施与城市土地利用互动关系研究、城市空间结构对城市交通结构起决定作用的研究、城市空间结构和交通结构互动的研究、交通导向下的城市空间结构模型研究等[40-50]。对于产业空间布局的研究，相对极少且不系统。上节研究表明：交通因素并不是产业尤其是生产性服务业空间布局的约束因素。

结合研究现状、本书理论支撑新经济地理学的思想，以及《纲要》三大先行领域的要求，为更合理地使行政意愿实施落实，运输成本约束将代替交通约束，增加到京津冀钢铁物流园空间布局的新约束因素中，对京津冀钢铁物流园的空间布局模式产生约束。因为在政府的行政意愿下，交通行业的相关政策和投入，虽然不能直接对生产性服务业空间布局产生约束，但可以影响大环境下的微观运输成本，从而间接对生产性服务业的空间布局产生约束。

以下就运输成本对空间布局的研究进行综述：

2.2.1 国内研究

不同于国外关于运输成本对产业空间布局约束的研究，我国学者关于运输成本对于空间布局的约束研究，只是从近几年才开始，而且主要集中在实证层面，与经济数据相关。

韩彪和张兆民利用我国 1991 ~ 2012 年 29 个省份的动态面板数据，验证了区域间运输成本对我国经济增长和空间布局所呈现出的机制。结论是：区域间运输成本对中国经济增长、产业空间集聚呈现显著的反向作用；降低运输成本可以扩大资本和人员在区域间的流动，从而可以提高资本和人力在国家经济运行中的效率，并提升技术和创新的外延性，从而促进经济的增长[51]。

李煌伟和倪鹏飞利用我国 1990 ~ 2008 年部分城市数据，用向量自回归模型进行了实证检验。结论是：降低城市间的运输成本，将促使中心城市获得加速空间要素集聚的优势，从而获得更快增长的机会；降低非中心城市间的运输成本，并增强对彼此经验的学习，可使它们在要素流失的同时，能够更快速、更有效地利用中心城市的知识外溢效应，从而获得更快增长的机会[52]。

郑林昌等通过利用我国 1978 ~ 2008 年 25 个区域的经济增长量数据，进行了实证分析。结论是：地理因素（距离市场的运输距离）通过影响国内外运输成本，进而影响该区域的经济增长率，并最终影响区域相关行业的空间集聚水平[53]。

魏下海利用我国 1991～2006 年 29 个省区市交通基础设施投入数据，采用空间计量方法研究了交通设施对经济增长的影响。结论是：我国交通基础设施和经济增长之间呈现出明显的空间集聚特征；交通基础设施的发展会带来区域间空间距离的缩短，从而降低了运输成本和交易成本，促进了区域间的经济增长[54]。

2.2.2　国外研究

国外关于运输成本约束空间布局的理论相对很丰富。

Krugman 的新经济地理学认为：由于运输成本的存在，厂商为了节约此成本会选择市场较大的区位来进行生产；与此同时，劳动力也为了节约运输成本，从而选择接近市场的区位生活。于是通过累积循环、周而复始的积聚，众多厂商和劳动力被纷纷吸引至该区位，从而形成了厂商和劳动力空间上的集聚。本地厂商和劳动力一方面从中享受集聚经济而形成的空间集聚上的向心力，另一方面因空间集聚带来的一系列问题而形成空间集聚的离心力。随着向心力和离心力的不断博弈，从而改变着空间经济体系的结构和均衡状态，形成产业空间的"集聚→扩散→再集聚→再扩散"的动态演进过程，使区域经济不断地向前发展[55]。

Walt 基于新经济地理学理论，尝试构造了一个包含运输成本的、关于中间投入品的动态两区域经济增长均衡模型。该模型赋予了中间投入品在区域间流通形成的"冰山运输成本"。在初期，企业为减少中间投入品的运输成本将集聚到某一个区域并逐渐形成一个均衡，从而促进了经济增长；其后随着单位运输成本这一离心力的不断下降，使企业加快向中心区域集聚的步伐，中间投入品和最终产品将在两区域间构成一个"中心—边缘"（C－P）局面；最终的经济增长将发生在中心区域，这逐渐造成中心与区域间的经济差距加大[56]。

Martin 和 Ottaviano 构建了一个基于知识全域溢出的两区域增长模

型。该模型假设研发部门设在经济发达的中心地区，当研发部门存在全域溢出效应时，经济上的空间集聚不会对经济增长形成约束；在研发部门仅存在局域溢出效应时，中心地区的增长率随研发费用同向波动；在贸易一体化和空间集聚不完全的情况下，当两区域间单位运输成本达到足够低时，研发部门的局域溢出效应对边缘区域的经济增长也会起到一定的促进作用[57]。

Baldwin 和 Rorslid 构建了一个包含罗默内生增长的"中心—边缘"（C－P）模型。该模型将经济增长假设为空间集聚的离心力，将知识溢出假设为向心力，两区域经济的均衡发展将在离心力和向心力之间取得均衡。与此同时，该模型将运输成本的内涵和功能进行了扩大，假设运输成本的降低具有了使区域间的"知识成本"溢出的功能。因此，区域间运输成本的降低可以促进空间集聚；运输成本的降低也促使知识溢出效应得以增强，促进经济活动趋于分散[58]。

Baldwin 和 Rorslid 的结论与 Martin 和 Otaviano 的结论在根本上是一致的，都认为产业空间集聚可以产生"支持经济增长"效应，从而促进两区域经济增长，并产生补偿边缘区域的福利效应[57-60]。

2.2.3 小结

不论是国内的实证研究还是国外的理论研究，都表明：运输成本与经济增长呈反向关系，与产业空间集聚呈反向关系，即区域间运输成本越高，越不利于经济增长和产业的空间集聚；运输成本对产业空间集聚没有直接的约束作用，只通过对经济增长起作用，从而间接约束产业的空间集聚；这一点与交通领域对产业空间布局的约束一致。

结论：交通领域并不能直接约束产业的空间布局，但可以通过交通投入和优化带来的运输成本降低，间接促进产业的空间集聚。

2.3 环保领域之环保因素的约束研究

促进产业空间集聚的主因是经济的增长，这是由经济的市场因素主动促成；但随着环保问题的日益严重，产业的空间集聚也受到环保政策的被动影响，使得企业不断通过环保投入和工艺升级来满足日益提升的环保要求[61-63]。

环保方面，对于物流园以及空间布局方面并没有相关的政策，相关的研究也没有开展，因为从本章 2.1 节可以看出，环保因素也不是产业空间布局的约束因素。不论是国家环保政策还是地方环保政策，都集中在产业本身方面[64-65]。以下从环保因素对产业的约束研究进行综述：

2.3.1 国内研究

自 1980 年起，我国的部分学者就开始研究环保对产业空间布局的约束问题。比较有代表性的有：

刘建一以钢铁工业为例，分析了工业企业布局与环境保护之间的相互制约关系，并从环境保护的角度探讨了工业企业的选址、资源的综合利用和地域结构问题[66]。

于振汉则提出应该在充分考虑地形、气候等自然条件的基础上，对工业企业的选址进行综合环境影响评价；同时也应该认识到由于历史原因或者生产工艺的特殊性，某些污染企业选择了生态环境较为脆弱的地域的事实[67]。

李剑玲和李京文以京津冀服务业协同发展为背景，提出了基于生态的视角，模拟自然生态系统，用生态系统的思维引导生产性服务业；并依据产业生态系统，探讨了京津冀区域生产性服务业发展策略，构建了生态视角的"三维一体"和"五位一体"模式[68]。

陆小成认为,生产性服务业空间集聚是促进低碳技术创新的重要桥梁,基于低碳技术创新的要求,生产性服务业的空间集群需要选择服务理念、服务途径、服务主体和产业关联等相关的低碳化路径,以促进提高服务水平,推动生产性服务业的发展[69]。

刘媛媛从资源型产业空间集聚与环保问题入手,认为资源型产业空间集聚模式应该以"资源禀赋为基础+规模经济为诱因+政府培育为路径"为主,过程中关注经济效益与政府绩效会导致空间集聚发展过程中对环境问题认知不敏感,陷入短期效应困境;或导致不可持续性,偏离低碳发展要求;并通过政府与资源型企业群体非对称博弈模型分析,认为在政府干预的情况下实现资源型产业集聚低碳发展是最优的均衡途径[70]。

乜敏、赵洪海基于1990~2010年中国制造业的有关数据构建制造业空间集聚指数(EG),以及产业集聚与碳排放强度的计量经济模型,通过协整及Granger因果关系检验等方法,表明产业空间集聚程度与碳排放强度具有长期稳定的均衡关系,即产业空间集聚程度为碳排放强度的单向格兰杰原因[71]。

与此同时,从规划的层面研究经济增长与环境承载力之间协调的研究在我国也逐步开展。此类研究大部分是基于政府已制定的环保政策、环保的土地利用规划、城乡发展规划而开展的,研究内容也倾向于经济增长对产业空间集聚和生态环境的约束问题[72-76]。

2.3.2 国外研究

国外关于环保方面的政策,与我国国情不同,且本书并不是研究环境政策对空间布局的影响,故特将研究国外关于环保因素对经济发展的约束,继而对产业的空间集聚进行约束的相关理论进行研究综述如下:

2.3.2.1 基于"脱钩概念"的环保研究

该概念的核心思想是：在经济发展之初，物质消耗总量（简称TEC）随经济总量的增长而同方向变动；其后，在某个特定的阶段出现，会出现反方向变化，从而实现经济增长的同时物质消耗下降的趋势。经合组织（OECD）的专家们将"脱钩概念"引入到农业政策研究中，开启了国际建立各类经济活动"脱钩指标"理论研究的先河，并逐步拓展到环境等其他领域。OECD 环境研究领域的专家们将"脱钩"定义为：阻断经济的增长与环境的冲击之间联系（或者说使两者的变化速度不同步）的现象[77]。

Tapio 根据 1970～2001 年欧洲运输量、温室气体排放量、交通业经济增长的数据，构建了 Tapio 脱钩指标体系。该指标体系由 8 个指标构成：增长连接、衰退连接、增长负脱钩、强负脱钩、弱负脱钩、弱脱钩、强脱钩、衰退脱钩。在这 8 个指标的基础上，Tapio 构建了脱钩弹性函数模型，该模型目前已发展成为产业低碳化的主要评测方法[78]。

V. Andreoni 等认为，尽管当今经济的发展与 CO_2 的脱钩得到全世界的广泛认同，但是仍未达到绝对脱钩状态（即经济增长的同时 CO_2下降的理想状态），仅仅是相对脱钩状态（即环境压力增长的速度低于经济发展增长的速度），因此要实现脱钩，必须要建立在技术进步与创新，提高生产效率的基础上[79]。

Ugur Soytas 等指出，通过以下三方面可以在一定程度上缓解环境压力，即：降低能源使用强度、能源循环技术、清洁能源。同时也认为，这三方面并不能从根本上解决 CO_2 排放问题，最终必须通过技术和科技进步，用清洁能源全面代替石化燃料，以解决 CO_2 排放所带来的一系列环境问题[80]。

2.3.2.2 基于其他理论的环保研究

Juan 等认为，各行业生产率水平和增长速度存在着系统差别，当能源要素生产率水平低的行业向生产率水平高的行业转移时，就会促进社会总能源利用效率提高；总生产率增长率超过各行业生产率增长率加权和的余额，就是能源结构变化对生产率增长的贡献。另外，产业结构的变化，尤其是工业与服务业之间，工业内部轻、重工业之间的变化，也是导致能耗强度变化的主要原因；从工业内部看，轻工业与重工业对一次能源的消费需求，对资源环境的影响差别也很巨大；重化工业尤其是以资源密集型为主的工业产业容易造成高耗能、高耗材、高污染；能源密集型产业是世界能源消耗的主要消耗源，其对能源的消耗占总全世界总消耗的 85% 左右[81]。

Stefan 指出，经济社会可以考虑将征收碳税作为一种治理污染、节能减排的常规政策手段，并且此手段可以摒弃激进的社会变革带来的动荡，因为从经济学方面来说，征收碳税这一做法本身就源于社会经济活动自身对碳减排的需求；但是，Stefan 同时也质疑碳税政策是否对减排的作用真实有效，因为碳税政策带来的减排效应实际上可能对低收入的国家更加明显，多减排的国家是否真正地多缴碳税[82]。

Boyed 认为，能源效率的改善需要依赖于全要素生产率的提高，即要配合其他投入要素的投入比例来提高能源效率；能源系统并不是一个孤立的系统，需要与其他生产要素系统配套，协同发展才能产生最佳效果[83]。

2.3.3　小结

结论：环保因素并不是产业空间集聚的约束因素。

反方向看，产业的空间集聚可增加污染物的排放水平；通过产业内部各生产要素与环保因素的有机协调、协同发展，将环保因素作为构建生产系统的重要一环，加上科学技术的进步，可以降低行业污染物排放水平。

随着环境压力的增大，环保因素逐渐发展成为经济发展重要的、来自行政层面的约束因素，通过环保行政意愿对经济活动的体现，进而约束产业的空间布局。

2.4　产业领域之供应链的约束研究

供应链的概念是从扩大的生产（Extended Production）概念发展而来，是围绕核心企业，通过对三流即信息流、物流和资金流的控制，从原材料（钢铁行业为铁矿石）采购开始，制成中间产品（钢铁行业为粗钢）以及最终产品（钢铁行业为钢材），最后由销售网络通过物流运输把产品送到消费者手中，集供应商、制造商、分销商、零售商、最终用户于一个整体的功能网链结构[84]。

钢厂、钢铁物流园、中心市场，作为钢铁供应链上的重要节点，其各自的空间布局模式相互独立，但又相互约束；加上各自在供应链上的地位和作用，形成了不同的资源和利益分配格局。《纲要》实施后，钢铁行业一方面面临着产业的升级，根据工信部《钢铁工业调整升级规划（2016～2020年）》①，即品种层次低、附加值低、能耗高、污染物排放水平高的钢铁产品，向品种层次高、附加值高、能耗低、污染物排放水平低的钢铁产品升级；另一方面面临着产业的转移，即京津冀的钢铁行业，应该通过减量重组，构建城市钢厂整体退出置换机制，实现区域内减量发展，使钢铁产能向东南沿海地区转移，以调整我国钢铁产能"北重南轻"的格局[85]。产业升级转移领域的行政意愿，对京津冀钢铁供应链来说，就是钢铁的产量降低、品质提高。

以下就供应链对产业空间布局的约束进行研究综述：

---

① 《钢铁工业调整升级规划（2016～2020年）》总目标包括：到2020年，钢铁工业供给侧结构性改革取得重大进展，实现全行业根本性脱困。产能过剩矛盾得到有效缓解，粗钢产能净减少1亿～1.5亿吨；创新驱动能力明显增强，建成国家级行业创新平台和一批国际领先的创新领军企业；能源消耗和污染物排放全面稳定达标，总量双下降；培育形成一批钢铁智能制造工厂和智能矿山；产品质量稳定性和可靠性水平大幅提高，实现一批关键钢材品种有效供给。

2.4.1 国内研究

我国学者关于供应链对于产业空间布局约束的研究近几年开始起步，且研究内容比较丰富，可以分为以下三类：

2.4.1.1 商贸流通业空间集聚促进产业升级转移的研究

詹浩勇认为，如果商贸流通业成为供应链的枢纽服务主体，那么其空间上的集聚会带动产业供应链网络的形成。供应链上集聚的服务企业间的竞争与合作，可以传递给供应链上的其他企业，从而引发产业供应链网络的不断重构，以降低贸易成本，并为源头产业创造新的生产机会，为制造业转型升级提供动力；因此区域产业升级政策上充分重视并发挥商贸流通业空间集聚的积极作用[86]。

翁英英认为，可以通过空间集聚使供应链网络重构的机制，实现优胜劣汰，使一批供应链中高耗能的企业由于市场作用而被淘汰；同时，应限制污染超标企业和高能耗企业进入供应链网络，防止降低产业能力；另外，供应链网络重构还可以提升产业的创新能力，促进商贸流通业空间集聚程度的扩张，最终促进产业的转型升级[87]。

任伴雨从供应链视角出发，基于商贸流通业空间集聚的视角对产业升级的内在机理进行了分析，认为商贸流通业经济促进了产业转型升级。商贸流通业空间集聚的原因是通过供应链的横向竞争和纵向合作，重构了供应链，建立起了竞争的体系。在空间集群的供应链网络中，要充分利用网络进行产业布局，这样供应链中各企业才能扬长避短，为产业发展提供新的动力。在供应链的网络中，要充分发挥商贸流通业空间集聚的媒介作用，才能促进制造企业生产出满足市场需求的产品，市场的需求才能得以表达；这种基于互联网的双向传导机制，形成了以网络技术为载体的协同分工新模式，并通过将创新元素注入到供应链升级中，实现了产品产销环节的无缝衔接，提高了商贸流通业的效益、效率和影响力度，促进了供应链中产业转型升级的实现[88]。

申兵、孙锦认为，要实现商贸流通业空间集聚对我国产业转型升级的促进作用，应该更加注重对于目前我国经济特点的总结，通过合理的空间聚集充分发挥出商贸流通业对供应链形成的促进作用，并完善现有的经济发展体系[89]。

2.4.1.2 生产性服务业空间集聚促进产业升级转移的研究

盛丰利用 2003～2011 年全国 230 个城市的生产性服务业空间集聚数据，以地理距离作为空间权重矩阵进行研究，结论是：生产性服务业空间集聚对制造业升级具有明显的提升作用，这种作用不仅体现在对本区域制造业的升级，而且通过空间外溢效应更体现在周边区域制造业的升级上；同时，交通发达程度和信息化水平通过生产性服务业空间集聚间接地促进了制造业的升级[90]。

陈建军等利用全国 222 个地级以上城市的截面数据进行实证分析，结论是：城市和政府规模、知识密集度和信息技术水平对生产性服务业空间集聚有显著作用，并表现出一定的区域差异性；生产性服务业空间集聚比制造业的空间集聚更不容易受地理因素和累积循环因果关系的影响，但这种影响可促进制造业的升级[91]。

李振波和张明斗利用长三角 16 个中心城市的面板数据，分析了长三角地区生产性服务业的空间集聚现状，结论是：生产性服务业空间集聚对长三角区域产业结构优化升级具有显著的正向推动作用[92]。

惠宁和周晓唯利用 2010～2014 年 31 个省市区生产性服务业空间集聚数据，引用区位熵指数从六个方面进行分析生产性服务业对产业结构升级的贡献程度，结论是生产性服务业对中国产业结构升级具有明显的促进作用，且东中部作用效果要强于西部，其作用效果逐年递增[93]。

2.4.1.3 生产性服务业和产业之间互动关系的研究

尹传文和李文东基于我国各地区制造业和生产性服务业增加值的

数据，通过引入产业互动比率的概念，对制造业和生产性服务业在产业互动和空间集聚两方面进行分析；结论是在制造业和生产性服务业的整体空间集聚水平稳定增长，且两者存在较为明显互动的前提下，制造业的空间集聚指数、生产性服务业的空间集聚指数均与制造业和生产性服务业的互动程度之间呈正相关关系，两者的互动作用越强，其空间集聚效果越显著[94]。

林风霞和袁博认为，制造业和生产性服务业存在较高相关性，我国应创建互动发展环境、完善互动发展机制、强化互动发展的政策支持、建立高端人才独立引进培养体系等，以促进先进制造业和生产性服务业互动发展[95]。

高觉民和李晓慧利用 2000 ~ 2007 年中国省际面板数据，构建包括制造业与生产性服务业产出方程在内的联立方程组并实证求解，结论是生产性服务业的发展促进了制造业的增长，制造业的增长显著促进了生产性服务业的发展，而且生产性服务业内部各部门与制造业均呈现显著的互动发展关系；因此，应运用互动机理确立产业结构转型的战略，为其营造低交易成本的制度环境，调整供应链结构，促进生产性服务业和制造业的积极互动[96]。

李猛认为，制造业与生产性服务业融合能够带来规模效益，是二者互动发展的内在动因；应不断壮大生产性服务专业或外包市场，并打造以核心技术为中心的产业空间集聚，促进物流、信息流、知识流和资金流的融合；推进生产性服务业与制造业充分互动，从而实现产业的升级转移[97]。

崔大树、杨永亮认为，产业特征、产业间联系等多种因素综合决定了生产性服务业与制造业之间的空间集聚组合关系；投入和产出关系是决定生产性服务业与制造业之间空间协同集聚的动因之一，但非重要动因，部分投入产出强度低的产业因产业关联不能产生强的空间集聚经济利益而呈现出空间分散的状况[98]。

2.4.2 国外研究

2.4.2.1 理论方面的研究

Akamatsu 研究了明治维新以来日本产业结构的演变过程，提出了雁行模式（Flying Geese Model），以分析日本产业发展的四个阶段模式，并构建了国际产业转移理论；雁行模式认为随着要素价格在发达国家的上涨，发达国家在劳动密集型产业上的比较优势将逐步丧失，相关产业将会转移到要素价格相对较低的发展中国家中去，这就形成了一方面发达国家随着劳动密集型产业的转出实现了产业的转型和升级，另一方面发展中国家通过承接劳动密集型产业转移而获得了发展机会的变化，从而实现了发达国家和发展中国家的共赢[99]。

Arthur 认为，技术创新可促进规模报酬递增，因而技术创新在产业升级过程中占据着重要的地位[100]。

Cristiano 认为，本地要素市场的不均衡状态可导致技术创新；而要素价格的波动会影响技术创新的方向和速率，进而影响产业的结构[101]。

2.4.2.2 实证方面的研究

Gary Gereffi 对亚洲服装产业进行了实证分析，结论是：进入全球供应链的后进国家的制造商，如果其在生产方面有良好的升级前景，那么其会进入附加值更高的研发、设计及销售等环节，从而实现由 OEA（委托组装）到 OEM（委托制造）和 OBM（自主品牌生产）的产业升级[102]。

Jones 对跨国公司的数据进行了实证分析，结论是：随着新兴经济体市场需求规模的逐步扩大，跨国公司必会将更多的创新资源配置于该经济体，这一变化被定义为"逆向创新"[103]。

Antonio 等的实证结果认为：将产品模块化因素加入到 SCPC（供应链—产品共同发展）模型中，将有利于提高制造业的灵活性和生产能力、销售能力以及售后服务水平，从而提高产品绩效，促进产业升级[104]。

Voordijk 等认为，产业的模块化可以从产品模块化、过程模块化和供应链模块化三个层次进行分析[105]。

Ritchie 明确指出，发展中国家依据自身能力和条件所建立的所有产业升级路径中，只有技术升级路径是最成功的一条路径[106]。

2.4.3　小结

本节通过对国内外供应链因素对空间布局约束的研究综述，可以认为：

（1）无论是商贸流通业还是生产性服务业，其空间集聚都会促进产业的升级和产业结构的优化；但产业的升级并不能促进生产性服务业的空间集聚。

（2）产业的升级不会促进生产性服务业的空间集聚。

（3）生产性服务业和产业之间正向作用，相互促进，且生产性服务业内部各部门与产业均呈现显著的互动发展关系。

（4）技术升级可明显促进规模收益递增，从而带来产业的升级。

2.5　本章小结

生产性服务业作为后工业社会的主导产业，对其空间布局的研究目前已经引起了我国和欧美国家学者的广泛关注，并已经取得了一定的成果；然而相对于制造业空间布局的研究，对生产性服务业空间布局的研究仍显滞后，但关键问题均已经有所涉猎。

通过本章的研究，可以得出以下结论：

（1）交通、环保和产业升级转移三个领域，均不能带来生产性服务业的空间集聚，因此均不属于生产性服务业的空间布局约束因素范畴。

（2）京津冀生产性服务业空间布局是以包括规模效应和外部联系在内的市场约束因素、以包括政府规划和宏观政策在内的行政约束因素一起，共同作用的结果。

（3）运输成本与经济增长呈反向关系，与产业空间集聚呈反向关系，即区域间运输成本越高，越不利于经济增长和产业的空间集聚；运输成本对产业空间集聚没有直接的约束作用，只是通过对经济增长起作用，从而间接约束产业的空间集聚；这一点与交通领域对产业空间布局的约束一致。

（4）交通领域并不能直接约束产业的空间布局，但可以通过交通投入和优化带来的运输成本降低，以间接促进产业的空间布局。

（5）产业的空间集聚可增加污染物的排放水平；通过产业内部各生产要素与环保因素的有机协调、协同发展，辅以科技和技术的手段，可以降低行业污染物排放水平；环保因素日渐重要，可以通过环保行政意愿对经济活动的约束，进而约束产业的空间布局；但环保因素不能直接约束产业的空间布局。

（6）生产性服务业空间集聚和产业空间集聚之间正向作用，互动发展；技术升级是产业升级的最佳路径。

（7）生产性服务业空间集聚会促进产业的升级；但产业的升级不会促进生产性服务业的空间集聚，因此产业升级不能直接约束产业的空间布局。

第3章 研究边界和理论

　　本书的主旨是研究京津冀钢铁物流园空间布局的机理和模式，但钢铁物流园是物流园的一种，和其他物流园有所不同，属于行业性的概念，应用范畴较小；而且京津冀钢铁物流园的现状和功能也千差万别。因此，在研究之前，必须对钢铁物流园的概念和类型进行界定，并最终划定本书关于钢铁物流园的研究边界。

　　另外，空间布局理论也相对成熟，门派众多，哪种理论可以对本书研究的空间布局机理和模式提供有效的理论支撑，也需要仔细考察和甄选。

　　以下对钢铁物流园的概念、分类和本书的研究边界，以及空间布局理论及其甄选进行研究。

3.1 钢铁物流园

　　钢铁是工业的"粮食"，可以说，没有钢铁就没有世界工业的发展，钢铁在各行各业中均发挥着重要的作用。在钢铁从钢厂流通到最终用户手中的整条钢铁产业链中，钢铁物流园占据了重要地位，是整条产业链的枢纽环节，提供了钢铁存储与流通、资金与渠道支撑、信息与服务保障等一系列综合性的功能，成为了钢厂产销衔接的有力保障。本节将从物流园的定义入手，引出钢铁物流园的概念以及京津冀钢铁物流园的现状，为之后章节的研究厘清研究对象。

3.1.1 物流园的概念

物流园（Logistics Parks）是现代物流业发展到一定阶段的必然产物，是以实现物流设施空间布局合理化、物流运作协同化、物流设施集约化为目的而在城市或其周边区域内设立的、具有一定规模和服务功能的物流设施、物流企业和物流对象在空间上的物理集结地[107]。

物流园最早出现在 20 世纪 60 年代的日本东京，当时被称为"物流团地"（Distribution Parks），在德国则被称为"货运村"（Freight Village），而在中国被称为"物流基地"或"物流中心"。另外，英国、美国、比利时、加拿大、墨西哥等国也都先后建立了物流园区以及货运配送中心。当前，物流园的规划、建设与运营在世界范围内方兴未艾，物流园成为现代物流业发展的一个重要趋势[108]。

物流园区是我国现代物流业发展中出现的新型业态。20 世纪 90 年代末期，随着现代物流业在我国开始蓬勃发展，国家有关部门开始制定促进物流园区发展的相关政策，并在一些发达地区和省份开始陆续筹建物流园区。我国第一个物流园区是始建于 1998 年 12 月 1 日的深圳平湖物流基地。迄今为止，中国的物流园区已经走过了近 20 年的历程，经历了从理论探索、实践起步到全面发展的过程。根据《第四次全国物流园区（基地）调查报告》显示，截至 2015 年 7 月，我国运营、在建和规划的各类物流园区共计 1210 家，呈现出园区数量稳步增加、区域分布趋于均衡，运营园区占比提升、政策效应初步显现，节点城市数量占比高、交通区位条件影响大等特点[109]。

3.1.2 钢铁物流园的概念及其分类

钢铁物流园（Steel Logistics Parks，SLP）是一个近 10 年发展起来的新兴概念，是在原先钢铁仓库只有仓储功能的基础上，整合运输、加工等生产性功能，以及电子商务、现货交易、期货交易、金融、办公和生活配套等服务性功能后逐步完善而成的新兴钢铁物流平台。

现在的钢铁物流园是钢厂、钢铁经销商或其他企业为获取钢铁供应链中的规模效益，所建立的集商流、物流、信息流和资金流为一体的钢铁物流枢纽。钢铁物流园凭借相关的基础设施设备，进行仓储、流通加工、运输和配送等作业，并提供相应的服务，以减少物流成本、提高运作效率、提升钢铁物流服务水平。

钢铁物流园作为钢铁供应链上的枢纽，是钢铁流通的重要平台，对实现钢厂、上游供应商、下游经销商企业和钢铁消费者等产供销的主体融合，具有重要的衔接和融合作用，主要表现在：一是向上游钢厂靠近，发挥产地资源优势和物流配送优势，统筹资源配置，以实现对钢厂钢铁物流的整合；二是向终端用户渠道靠拢，最大限度地为各级客户降低采购成本和资金成本，充分发挥了钢铁物流园的集散作用。

钢铁物流园为钢厂及其下游企业提供了实体物流运作平台、信息交换平台、交易结算平台、资本运营平台。作为钢铁行业服务的枢纽，钢铁物流园是钢铁物流产业链的重要环节。根据其功能的发展，分为以下三类：

（1）基础型。此类钢铁物流园，只具备最基本的钢铁仓储和运输功能（见图3.1灰色部分），其核心就是钢铁仓库和负责运输的车队。钢铁仓储功能由钢材仓库完成，运输功能由专业运输车队完成；仓库和车队之间，只是松散型的合作关系。

（2）增强型。此类钢铁物流园，是社会化分工细化的结果。随着科技的进步、政策的改变、人文的关怀，原先在钢铁最终使用地才进行的剪切、拉升、抛光、绑扎和焊接等工序，由于存在扰民、污染等问题，需要在使用地之外提前进行。因此，钢铁仓库在原来的仓储＋运输的功能之上，又增加了加工的功能（见图3.1三角部分）。

（3）复合型。此类钢铁物流园，涵盖了钢铁成品从出厂到使用全产业链的功能。围绕钢铁的"仓储＋运输＋加工"的基本生产功能，又增加了现货交易、期货交易、融资、电子商务、生活配套和商务配套等服务性功能（见图 3.1），此模式的钢铁物流园，可使合作者足不出户，实现最大程度的资源共享和商务合作，提高了效率，降低了管理成本。此模式的钢铁物流园，以信息化为手段、以钢铁产品为纽带，对投建者的资金实力、管理能力和技术水平提出了很高的要求，目前只有超大型的贸易商和钢厂组建。此阶段的钢铁物流园，涵盖了钢铁物流的所有环节，是目前钢铁物流行业和信息化结合的终极模式。

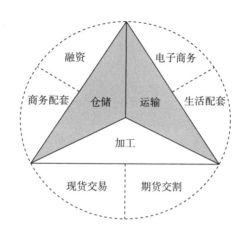

图 3.1　全功能钢铁物流园基本示意图

根据钢铁行业权威资讯网站我的钢铁（Mysteel）的权威调查和测算，截至 2015 年底，我国的钢铁物流园呈现以下态势：①三类钢铁物流园，数量上的比例为 7∶2.5∶0.5；②产值的比例为 3∶2∶5；③效益的比例为 6∶3∶-1①。

从以上钢铁物流园数据可以看出，第一类的数量最多，第二类的营利能力最强，第三类的规模最大。由于起步晚、投入大、投资回收期长，故第三类钢铁物流园从短期的财务状况看，处于亏损状态；但相对于其他两类钢铁物流园，第三类物流园更具发展活力和持续创利

---

① 我的钢铁（Mysteel）内部商业数据。

能力。

第一、第二类钢铁物流园，是生产型的钢铁物流园，分布最广，数量最多，是我国钢铁物流园的主流形态；第三类钢铁物流园，数量少、起点高、功能强，是前两类钢铁物流园的未来发展方向。

3.1.3　中国钢铁物流园的发展历程

中国钢铁物流园的发展历程，也是一部中国钢铁产业地位变化的发展历程。

随着国家经济和科技的蓬勃发展，我国的钢铁产业经历了计划经济时期发展的供给不足、市场经济初期的供需基本平衡、北京奥运会前后期井喷式发展带来的供给远远大于需求、2015 年后国家产能政策和市场双重控制的供需趋于平衡四个阶段。

计划经济时代，钢材从订单到最终收货，全是按计划执行。钢厂有专门的计划部门，负责与政府职能部门联系，安排生产。钢材产出后，一般由客户组织车队到钢厂自提，或者是钢厂负责运输到铁路或码头等交通枢纽客户再自提，钢厂直接送货到客户最终卸点的比较少。这时候钢厂的运输车队，一般都是由钢厂自己的职工组成，是钢厂职能的一部分。社会上也不存在任何形式的钢铁物流园，因为直接是"厂→户"的流通模式，钢材不能流通，只能自用，根本找不到也不需要钢铁物流园。

市场经济初期，客户可以自己到钢厂订货。钢材产出后，钢厂负责全程的运输工作。由于铁路运输或者水路运输，全程的周期长，而且存在"最后一公里"的运输问题，因此，500 千米以内乃至更长的距离，钢厂都会采取汽车运输。由于长距离运输存在的风险较大，因此在这个阶段，钢厂把汽运的职能剥离，开始委托外部的合作车队进钢厂运输；为此，钢厂成立了专门的调运部门负责管理合作车队。这时候，钢材逐渐开始了流通，市场上出现了专门的钢材仓库。钢铁贸易商为获得更大利润，会直接下订单把钢材发到指定的钢材仓库。为便于送货，这样的钢材仓库往往自备车队。这个阶段，钢铁流通的利润率很高，钢铁贸易商有"资金＋资源"就可以获取很大利润，因此往往利用社会上专业的"仓库＋车队"组合完成钢铁物流功能。以仓库为基点，基础型和增强型的钢铁物流园开始出现。

北京奥运会之前，是中国钢铁发展的黄金时段。由于房地产、铁路和造船业的蓬勃发展，钢铁产能急剧释放，小钢厂如雨后春笋纷纷开工，但如此也供不应求。北京奥运会之后，随着世界经济的不景气，钢铁行业好景不再。随着钢铁产能的急剧释放，钢铁价格在北京奥运会之后一路走低，最高时缩水 70%（以代表性钢铁品质螺纹钢为例，其价格从 2008 年的 6200 元/吨降到 2016 年春节后的 1600 元/吨），致使钢铁贸易商纷纷退场或调整经营策略，具体做法就是拉伸产业链。原先，钢铁贸易商不屑于做的钢铁仓库，也由租用转为自建；由于钢铁贸易商起点较高，实力雄厚，投资较大的复合型钢铁物流园也开始出现，覆盖钢铁物流全产业链的功能也更加丰富全面。但由于钢材市场的持续下滑，在奥运会之后纷纷上马的复合型钢铁物流园，在建设之后就面临着需求急剧萎缩的现状，到 2015 年前后，大部分复合型钢铁物流园停建或停产；但还有部分投建复合型钢铁物流园的先行者在其中获利，继续优化其产品功能，其投资也从设备、设施、厂房和场地的实体投入转为开发复合型商务平台中。

2015 年前后，随着全国尤其是地区雾霾的肆虐，环保的压力越来越大；钢厂作为一个主要的环境恶化因子，其产能和结构的调整势在必行。为适应市场的变化、国家的政策，同时为了继续生存，钢厂开始转型到拉升钢铁物流产业链的行业中，由原先的口号转为实际行动。钢厂投建的钢铁物流园以增强型和复合型的为主，采取和地方合作多点布局的形式，管理从粗放转为精细。但钢厂投建的钢铁物流园，运输功能还是多以委托第三方为主。

中国钢铁行业各阶段对应钢铁物流园的发展及其特点总结如表 3.1 所示。

表 3.1　中国钢铁行业各阶段的钢铁物流园总结

钢铁行业发展阶段	钢铁物流园类型	主要经营者	特点
计划经济时期	无	无	无厂外仓储，运输自营
市场经济初期	基础型＋增强型	钢厂和钢铁贸易商之外的第三方	第三方仓储和加工，运输外包
北京奥运会之前	基础型＋增强型＋复合型	钢铁贸易商为主、钢厂为辅	自营仓储和加工，运输外包，其他功能根据自身情况外包或自营
2015 年后	基础型＋增强型＋复合型	钢铁贸易商＋钢厂	自营仓储和加工，运输外包，其他功能根据自身外包或自营

　　表 3.1 由笔者根据从业经历和相关材料自行整理。在本书中，不同于物流行业对物流园定义的标准，无论钢铁物流园的发展程度如何、规模大小，只要具备最基本的钢铁仓储和运输功能的钢铁物流园，其空间布局涉及的问题，都是本书研究的对象；本书的钢铁物流园，就是京津冀所有钢铁物流园的集合。

3.1.4　京津冀钢铁物流园的现状

　　2015 年，京津冀地区钢产量占全国的比重为 26%，收入占全国的比重为 18.2%，利润占全国比重的 18.38%，造成全国钢铁"北重南轻"格局。京津冀钢铁的产能大，但低附加值钢铁所占的比重也较大；目前京津冀地区 90% 的钢铁由河北省产出，而唐山市占河北省的 52%；京津冀钢铁行业目前遭遇产能过剩严重、污染加剧的窘境，急需行政干预和规范[110]。

　　作为钢铁产业链的重要一环，钢铁物流园在京津冀钢铁行业的地位，可谓举足轻重。但由于历史的原因，目前京津冀地区的钢铁物流园大部分是基础型的钢铁物流园，其现状是：

　　（1）从空间布局上说，存在数量多、分布广、布局随意、规模无序的特点。据我的钢铁（Mysteel）统计，京津冀地区的大小钢厂有

280 家左右，而钢铁物流园则为 5000 家左右①。绝大多数钢铁物流园，围绕钢厂而建，布局五花八门、杂乱无序，对当地的道路交通、环境（噪声和尾气）、政府管理造成很大压力。

（2）从规划上说，这些钢铁物流园良莠不齐，缺少统筹规划。生产型的钢铁物流园，准入门槛很低，建立的原因也是五花八门：有些是钢厂为保产销衔接在厂外自己建立的；有些是专门的钢材仓库；有些是货主为了囤货临时建立的；有些是车队为了自己拼车方便在车队基地建的……这些钢铁物流园，以营利为第一目标，缺少统一的规划，省内物流园区之间、物流园区和物流中心之间以及相邻省市物流园区之间的覆盖半径和区域效应等协调问题在相关的规划中都没有考虑。政府对其的建立基本没有指导；而钢铁物流园带来的社会问题，却需要政府和民众承担。

（3）从政策层面来说，这些钢铁物流园的建立缺少政策支持。虽然各地方在发展物流过程中出台了一些关于物流园区的政策，但是，这些还不十分完善而且不配套。因此，发展物流园区还缺乏足够的政策支持。发展、规范物流园区离不开政府的宏观干预或控制，这一点是十分明确的。而且，只有十分有效的政府调控，地区之间、企业之间、钢铁行业供应链各环节之间，才可能实现资源共享和信息共享，才可能按照规则运行，钢铁物流园区才可能健康地发展。

（4）从运行机制方面说，这些钢铁物流园缺少相应的市场规则或机制。目前，京津冀地区服务型的第三类钢铁物流园，其建立在市场经济条件下，任何一种经济行为都必须遵循市场规律。物流园区的决策应以市场需求为依据，而不能凭借主观想象，现状是很多大型的第三类钢铁物流园盲目建设，各自为战，各自开发自己的运行平台，造成了很严重的恶性竞争、资源浪费和土地投资的超长回收

---

① 截至 2015 年底，京津冀地区符合国家产业政策的钢铁企业达到 100 家左右，其他大部分不符合国家产业政策；北京市已全部淘汰钢铁冶炼产能。

或闲置。

（5）从基础研究方面来说，作为物流发展过程中的一个新事物，钢铁物流园的研究几乎是空白，没有专门的机构和团队从事物流园区的研究。京津冀地区，尤其是北京，高校和科研机构众多，科研力量雄厚，但对钢铁物流园的研究，无论是政策层面、机制层面，还是技术层面、应用层面，相关的研究很少。因此，钢铁物流园的规划及方法、物流园区的发展模式、物流园区的服务功能等一些重要问题还需要深入地研究。现状是目前钢铁物流园的研究仅限于我的钢铁（Mysteel）等部分大型的钢铁资讯网站；而研究的内容也多侧重于钢铁物流园内部的规划和平台的建立，以及一些基础数据的统计。

（6）从人才储备方面来说，京津冀发展钢铁物流园方面的人才十分匮乏。由于历史原因，现在京津冀的钢铁物流园，大多数从车队发展而来；而车队的经营者，缺乏相应的知识储备和继续学习的能力与愿望。复合型的钢铁物流园是未来钢铁物流园发展的趋势，其建设是一个长期的、复杂的过程，需要各个方面的人才，不仅需要专业的物流人才，而且需要懂管理、懂信息化技术的复合型人才。

3.1.5　研究边界

《纲要》实施中，关于在钢铁行业推进三大先行领域实施落实的行政意愿逐渐增强。钢铁物流园作为生产性服务业，对于其空间选址后如何进行内部规划的研究已经在企业、政府和学术界开展。根据上章文献综述中实证的结论，钢铁物流园的空间集聚确实促进了产业的升级转移；但站在政府行政意愿的高度，确定在已有钢厂空间布局的情况下，要使三大先行领域在钢铁行业实施落实，应该增强钢铁物流园的枢纽功能，以调节钢铁供应链，那么现有的京津冀钢铁物流园空间布局应该重新规划。

行政意愿下的钢材产量和结构，应该配置什么样的钢铁物流园？配置的思路何在？在什么位置配置多大的钢铁物流园？如此配置有什么实际意义？这四个问题需要循序渐进地研究和解答。

以上的四个问题，第一个问题的答案是：以钢铁供应链为依托、以信息化为手段，大力培养配置第三类钢铁物流园，以适应钢铁行业的发展和需要。鉴于第三类钢铁物流园比第一、第二类钢铁物流园所多出的现货交易、期货交易、融资、电子商务、生活配套和商务配套六大功能，对空间的要求极低。因此，本书研究的新形势下的钢铁物流园空间布局，不具体针对第三类钢铁物流园，而是指所有需要场所和设施，开展最基本的仓储和运输功能的、所有类型的钢铁物流园，即京津冀所有类型的钢铁物流园的集合。这就是本书的研究边界。

至于第二、第三和第四个问题的答案，就是本书 1.1.3 节所提出的三大问题的解答，分别对应本书的三大内容：

（1）京津冀钢铁物流园空间布局的机理；

（2）京津冀钢铁物流园空间布局的模式与实现；

（3）京津冀钢铁物流园最佳空间布局方案及政策建议。

3.2 经济地理学

产业空间布局理论经历了从以马歇尔（Marshall）和韦伯（Weber）为代表的经济地理学到以克鲁格曼（Krugman）和藤田昌久（Fujita）为代表的新经济地理学的转变，但不论如何转变，这些理论都有一个共同点：都或多或少地将空间约束因素纳入分析范式。

不同的时期，不同的理论，有不同的基础假设条件。本节遵循空间约束因素这条主线，对产业空间布局理论进行研究。其中，空间要素与产业空间布局之间的研究属于微观静态的研究，产业空间布局与区域产业经济之间的研究属于宏观动态的研究。具体如下：

3.2.1 微观静态的研究

3.2.1.1 马歇尔的产业区位论

马歇尔（Marshall）的产业区位论把经济规模划分为两类：内部规模经济和外部规模经济。该理论认为：外部规模经济是促进产业空间集聚的主因。

该理论从三个方面说明了产业空间集聚和经济收益递增现象之间的关系，分别为：一是地方具有共享的劳动力市场；二是中间产品的投入；三是技术外溢。其中，共享的劳动力市场可以避免劳动力要素流动时的信息不对称现象，并可以降低生产企业对劳动力的搜寻成本；中间产品的投入可以起到降低最终产品价格的作用；技术外溢可以产生创新，从而促进经济的发展。

马歇尔理论以完全竞争和均质空间的假设为基础，从外部经济角度对产业空间集聚现象进行分析研究的方法，为后继研究提供了积极的理论借鉴支撑。虽然马歇尔对产业空间集聚的研究在一定程度上解释了产业空间集聚形成的原因，但却忽略了区位和运输成本问题，而且缺乏对这种外部经济约束因素来源的解释[111]。

3.2.1.2 韦伯的工业区位论

韦伯（Weber）的工业区位论是研究工业空间布局和厂址位置的理论，分为宏观经济和微观经济两个内容，前者指一个地区或国家的工业空间布局，后者指具体工业企业厂址的选择。

以韦伯的工业区位论为基础，先后产生了多个区位理论，如帕兰德区位理论，该理论解答了不完全竞争和远距离运费衰减同时发生时的区位空间布局问题。此外，廖什、艾萨德、格林哈特等先后对韦伯的工业区位论进行了补充研究。

韦伯的工业区位论同时考虑区位空间布局与运输成本的关系，从一定程度上解决了马歇尔理论存在的问题。该理论将运输成本因素引入产业空间布局，为 20 世纪 90 年代兴起的新经济地理学奠定了理论基础[112]。

3.2.1.3 胡佛的运输区位论

胡佛（Hoover）的运输区位论将马歇尔的规模经济外部性分为两类：一是地方化经济外部性，即同一行业内的企业由于生产相似产品，空间集聚在一个特定的地区而形成的外部性；二是都市化经济外部性，即与某特定区域内主要生产活动的整体水平的相关收益不同而形成不同产业的空间布局所带来的外部性。

与马歇尔理论相比，胡佛理论认为外部经济是根据其所在的产业部门的特征来界定的，并且外部性的空间规模也存在一定的差异性，因其产业部门的不同而不同。

此外，胡佛理论也非常重视运输成本的影响，他认为运输距离、数量、方向等运输条件的变化都会影响经济活动区位选择的变化，从运输成本的角度分析：在什么情况下产业部门的最佳区位应接近市场，什么情况下应接近原料地，什么情况下产业部门应空间布局在二者的中间点。

而且胡佛将运输成本进行了扩展，形成了广义的成本定义，即运输成本的结构中不仅包括直接的运输成本，还包含场站作业成本、时间成本等所有运输相关成本因素。胡佛理论认为，不同运输方式存在着不同技术特征的运输成本递减现象，从而修正了韦伯理论中运费与距离成比例的现象，更加符合客观实际[113]。

3.2.1.4 杜能的农业区位论

冯·杜能（J. H. Von Thtinen）的农业区位论基于一个均质的假想空间，考察农业生产方式的配置与城市距离的关系；在地租收入最大化的前提下，形成了农业土地利用率最高的杜能圈结构。

杜能的农业区位论将运输成本纳入了研究框架，而且杜能圈的同心圆结构主要是基于运输成本的大小促使空间的分异而构建。

杜能之前的李嘉图建立了基于相对肥力的农业地租理论，但李嘉图理论忽略了运输成本。

杜能的农业区位论可以进一步扩展到非均质性的空间，形成具有比较优势的区位理论；而且这种理论完全可以纳入到阿罗—德布鲁均衡框架之中，且存在空间上的均衡，但其不足是不能提供有关区位和生产规模的相关信息[114]。

3.2.1.5　小结

以上理论，均是关于产业部门空间布局的研究理论，其约束因素、研究假设环境是静态的，因此，本书将其分类为基于空间要素与产业空间布局的微观静态理论。此类理论具备以下特点：

（1）空间要素在产业空间布局思想中得到初步体现，运输成本作为产业空间布局的约束要素被引入理论，但不足是对运输成本都是简单线性化处理；虽然部分理论对运输成本进行了拓展，但仍属于线性的范畴。

（2）匀质空间的假设。杜能在研究农业区位论时的一个假设条件就是一致的土地肥沃程度，后来的韦伯和马歇尔等都遵从了这一假设。

微观静态的产业空间布局理论核心思想总结如表 3.2 所示。

表 3.2　微观静态产业空间布局理论汇总

主要理论	空间因素的核心思想	代表人物	运输成本表现形式
产业区位论	引入完全竞争和均质空间，但未考虑运输成本	马歇尔	无
工业区位论	运费依工厂区位的不同而不同，运费主要取决于重量和运距，运输方式等因素都可以转换至用重量和距离来衡量	韦伯	线性关系
运输区位论	运费与距离成比例，运输方式也影响运输成本，而且运输成本所包括的范围较先前有所扩大	胡佛	线性关系，兼顾非线性事实
农业区位论	运费与距离及重量成比例，运费率因农作物不同而不同，运输成本由农业生产者承担	杜能	线性关系

3.2.2 宏观动态的研究

从新古典经济学的中后期至 20 世纪 90 年代新经济地理学兴起的中间将近 50 年期间，对产业空间集聚分布的研究基本上集中在将产业空间布局理论运用到区域经济分析框架中，从而在宏观上实现产业空间布局和区域经济的动态结合。

具有代表性的理论为：

3.2.2.1 佩鲁的增长极理论

佩鲁（F. Perroux）的增长极理论认为，"增长极"是由具有较大规模经济的先导部门或企业在某些地区空间集聚发展而形成的经济中心，而且这个经济中心具有自我强化的特点，能够通过向周边地区辐射吸收形成增强效应。

佩鲁认为这些经济中心具有复合功能，具备多样化的特征，概括起来主要可以表现为有生产中心、金融中心、贸易中心、信息中心等多种功能，能够产生吸引和扩散作用（类似于本书定义的第三类复合型钢铁物流园）。

但是，"增长极"的形成需要具备一定条件，即：一是具有创新能力的企业和企业家群体；二是企业具有规模经济效益；三是适当的周围环境。第一个条件表明要素禀赋的差异性，第二个条件是形成经济中心的前提，第三个条件是形成经济中心的必要条件。

"增长极"在作为"吸引中心"的同时，也可以作为"扩散中心"。主要表现在：一是技术的创新和扩散；二是产生规模经济效益；三是资本的空间集聚和扩散；四是可以形成"团块经济效果"[115]。

3.2.2.2 缪尔达尔的循环累积因果理论

佩鲁的增长极理论阐述了"增长极"的形成能促进自身增长，并可对其他地区经济发展有一定的辐射和示范效应，形成正面影响；但它同时忽视了"增长极"的负面影响，特别是当"增长极"所形成的极化效应，在循环累积因果关系的作用下，使得地区富者愈富、穷者愈穷；在空间布局上的表现为产业集聚程度越高的地区越集聚，程度越低的地区越发散。

缪尔达尔（G. Myrdal）的循环累积因果理论将"增长极"的负面影响在空间上形成的现象称为"地理上的二元经济"。缪尔达尔认为，在发展初期，各地区的经济发展水平是大致相等的，此过程中如果某些地区受到外部因素的冲击或其他力量的正面作用，经济增长速度高于其他地区，则区域间的经济发展就会出现失衡；这种失衡发展到一定程度，会使得地区间的经济发展水平、人均收入、工资水平、利润率等出现差距；而且在累积因果循环的作用下，导致发展快的地区发展更快，发展慢的地区发展更慢，地区间的差距逐渐拉大，从而不利于地区间的协调；在空间上出现产业从集聚程度低的地区向集聚程度高的地区扩散，使强者更强、弱者更弱[116]。

3.2.2.3 赫尔希曼的"极化—涓滴"理论

缪尔达尔的循环累积因果理论承认"扩散效应"的存在，并且对"回波效应"产生相反的作用。在此基础上，赫尔希曼（A. O. Hirschman）从现有资源的稀缺性和企业家的缺乏等方面，对平衡增长战略提出了修正。

缪尔达尔指出，在区域失衡发展过程中将产生两种效应："极化效应"和"涓滴效应"。在初期阶段，"极化效应"将占据主导地位；但经济发展到更高阶段时，二者将趋于平衡发展；在区域经济发展过程当中，"涓滴效应"最终会大于"极化效应"而占据主导地位。

赫尔希曼认为，应该从不同角度、不同时期和不同发展阶段来综合考量平衡增长和失衡增长的关系。失衡增长是以资源配置效率最大化角度为基础，即：在经济发展初期，通过实行地区间的失衡发展战略，将稀缺资源集中于使用效率最高的行业和地区，以此形成"增长极"，从而对其他地区形成辐射作用；随着"增长极"的持续增长，在更高平台上实现国民经济各部门的协调，使其保持更高层次的均衡；最终目标是要实现更高层次和更高水平的增长[113]。

3.2.2.4　小结

以上理论，均是基于更高层次的空间集聚分布和经济发展，研究对象是长期动态的空间集聚及其对经济发展的影响，因此，本书将其分类为基于产业空间布局与区域经济的宏观动态理论。产业空间布局的微观静态理论的一个特点是在强调空间要素和产业空间布局结合的同时，并未进一步延伸出能够用来说明和解释现实世界区域经济发展的理论，但这个缺陷在宏观动态理论中得以弥补。宏观动态理论具备以下特点：

（1）以上空间布局理论都是将空间要素包含在内的、对微观静态理论的具体应用。即：在宏观动态理论中，产业空间布局理论并未有太多进展，更多的是作为分析的工具和手段应用于区域经济发展的研究中。

（2）以上空间布局理论仍然保持空间均质的假设。空间均质性和空间异质性是一对矛盾体，在长时间范围，关于产业空间布局的理论一直以空间均质性作为假设条件。

3.2.3　经济地理学的局限

以上关于产业空间布局的理论，均属于经济地理学的范畴。经济地理学是一门研究经济活动的区位、分布和空间组织关系的科学，其研究体系包括产业区位、区域经济、空间聚集、交通以及全球化等，上文只是对于本书研究相关的理论进行了简介，但事实上经济地理学还包括交通运输业、商业等部门的生产布局理论，这里不再一一列举。

经济地理学强调研究经济活动空间规划和分布的区位，特别是产业区位的量化分析。尽管经济学家早已关注到规模经济在区域经济中的作用，特别是曾经有大量基于考察经济主体在生产规模收益递增和运输成本之间的权衡对产业空间聚集和经济增长影响的研究，但这些研究都没有一个完备而标准的理论模型作为系统的支撑，尤其是未能提出一个能同时解释厂商和消费者区位选择的一般均衡框架。

另外，经济地理学在规模报酬不变和完全竞争为假设前提下进行理论研究，但许多事实证明了这一前提假设并不完全成立；尤其是在当今新经济潮流的作用下，随着社会的进步和发展，在以技术为基础的经济领域边际收益递增取代边际收益递减成为新经济的特点，但经济地理学的局限使其已不能解释这种现象[117-122]。

基于以上原因，经济地理学的理论不适合本书的研究需要。因此，本书特引入能很好解决经济地理学局限的新理论——新经济地理学，以作为本书的理论支撑。

3.3 新经济地理学

本节从新经济地理学的理论思想、主要模型和实证应用三个方面，对新经济地理学进行分析，为后文新经济地理学是否适用于本书的研究做好理论铺垫。

3.3.1 主要内容

20 世纪 90 年代以来，经济地理学已不能解释经济现象与空间之间的关系。以克鲁格曼（Krugman）等为代表的主流派经济学家对空间因素重新审视，并以全新的视角，把以空间经济现象作为研究对象的传统经济地理学如区域经济学、城市经济学等统一起来，构建了"新经济地理学"[55]。

新经济地理学主要内容大体可以分为两个方面：经济活动的空间集聚和区域增长集聚的动力。具体如下：

3.3.1.1 经济活动的空间集聚

新经济地理学以规模收益递增作为理论基础，并通过区位空间聚集中的"路径依赖"现象来研究经济活动的空间集聚。

作为新经济地理学的基础，规模收益递增一方面被用来解释产业活动的集聚或扩散，另一方面还被用来解释城市增长动力机制。

在规模收益递增规律及相应的集聚或扩散模型的影响下，新经济地理学将区域和城市的发展定性为"路径依赖"和"历史事件"。与新古典的经济均衡模型相反，克鲁格曼使用历史方法，强调影响经济活动空间集聚的力量的持续和积累，即：经济活动的空间集聚存在向"路径依赖"和"历史事件"两方面发展的趋势。

总之，在新经济地理学中，认为区域的优势是由一些小的事件所导致自身加强所致，从而逐渐形成空间上的集聚。

3.3.1.2 区域增长集聚的动力

新古典主义增长模型假设资本和劳动是规模收益递减的。依据这个框架，该模型对空间集聚的产生进行预测，认为一个资本储备较低的区域，将会有更高的资本边际生产率和资本利润率；其发展的结果是较贫穷的区域增长较快，最终能赶上较富裕国家。但事实上，区域收敛率却背离预测。因此，在对新古典长期增长模型有效性怀疑的基础上，引出了经济活动空间集聚与规模收益递增的模型之间的联系。

按照新经济地理学的理论，资本外部性的相对规模（即市场作用的范围）、劳动力的可移动性和运输成本将决定经济活动和财富在空间配置上的区域集聚程度。具体为：一方面，如果区域之间存在着不可流动性因素（例如语言和文化等方面的阻碍），那么中心地区的劳动力和由于拥挤而带来的其他成本就会增加，将形成经济活动的扩散和区域集聚程度的降低；另一方面，当资本外部性及劳动力的迁移通过区域整合提升时，新经济地理学模型将预言更大规模的空间集聚，富裕的区域中心和较差的边缘区之间的差距将加大。而现实结果也似乎支持这个预言[123-125]。

3.3.2 核心理念

新经济地理学的逻辑主线有三个核心理念。

3.3.2.1　消费者多样性偏好

消费者的多样性偏好是新经济地理学中的一贯假定。对消费者而言，产品的品种越多越好，这样可以提高效用水平；而对生产者而言，产品的品种越少越好，这样可以充分利用规模经济效应。如此产生了一个两难的冲突。

一个规模扩大的统一市场可以使两难冲突的解决空间增大，因为市场规模的扩大有利于发挥规模经济的优势，使更多的人有机会消费更多样化、更物美价廉的产品。

3.3.2.2　规模收益递增

规模经济是新经济地理学理论体系的基石与核心，为分析贸易模式和经济活动区位选择的一般均衡框架奠定了新研究方法的起点。

新经济地理学强调不完全竞争和企业层面的规模收益递增规律，并从中找到了分析问题的切入点。此外，它们将外部经济分为技术溢出引发的外部经济和市场规模引发的外部经济，从而恢复了对外部经济的正确认识；特别是使早期被忽视的与市场规模有关的货币或金融外部性得到了正确认识。

3.3.2.3　冰山运输成本

运输成本是新经济地理学中的一个重要变量，它的引入很自然地将区位因素纳入到贸易模式分析中。

规模经济与运输成本之间的权衡是新经济地理的基础。克鲁格曼采用了萨缪尔森的"冰山理论"来描述运输成本，即每一单位运往外地的产品中仅有一部分到达目的地，而其余的都消耗在途中，由此运输成本只影响产品的价格。

这样的好处是不用引进运输业这一新的部门从而降低模型的复杂性。克鲁格曼引进距离因素对冰山运输成本函数进行了修正，使之具有如下的特征：①产品的运输成本率与运输产品的数量无关；②运输产品价格与离岸市场价格成正比例变化；③随运输距离的增加，产品的市场价格将以递增的比例增加。

这些特征使对运输成本问题的考虑更加真实，提升了新经济地理学的现实适用性，使其理论体系中的不变需求弹性得以保持[126]。

3.3.3 实证应用

自新经济地理学理论体系建立后，大量的学者运用其核心思想，构建了不同的数理模型，通过实证的方法，用于研究经济活动空间集聚的问题。

Ellison 和 Glaeser 设定了一个指数来表示空间集聚程度，把一个行业的经济活动的分布与一个零假设的随机位置相比较，该指数假设小型制造工厂遵循经济活动的随机选址原则。实证的结果：一是在一些国家或行业中出现厂商背离随机定位的情况；二是发现背离随机定位的决定因素；结论是选址的外部性和未观察到的自然环境的异质性为相似的经济活动的空间集聚提供了两种可能的解释[127]。

Davis 和 Weinstein 进行了区分自然优势和外部性的实证研究，用以探讨新经济地理学模型中的支出和产量之间的关系。新古典模型指出支出增加可以提高产量，但新经济地理学模型中的本地市场效应则预测出由于公司和工人的重置，产出可能更大幅度地增加，在日本和一些经合组织数据的基础上，实证检验的结果是许多制造业存在本地市场效应。另外，Feenstra、Markusen 和 Rose，Head 和 Ries，Hanson 和 Xiang 通过对国际贸易数据的实证研究，也发现了在制造业中存在本地市场效应的证据[128-132]。

庄晋财和敖晓红利用来自福建、江苏、浙江、安徽等省的 212 个样本数据的实证分析表明，创业者开展创业活动的空间，受到区域产业环境和制度环境的双重制约；前者包括产业关联、市场条件、基础设施等因素，后者包括区域政策及法规等官方制度和社会风俗、价值观等社会风尚；建议地方政府制定吸引创业的支持政策，必须考虑区域空间的非均衡性，才能实现吸引创业活动聚集的目标[133]。

彭新万通过对当前中国一些地区，特别是经济欠发达地区产业集聚的政策的实证检验，结论是在地区之间以及地区内部运输条件已基本一体化，且信息技术普遍化的前提下，欠发达地区政府的产业集聚政策应着眼于拓展并激活市场效应，且以本地市场效应为主[134]。

颜银根和安虎森利用 1979～2011 年我国 29 个省份的面板数据，对我国区域间的增长溢出效应和区域经济运行空间特征进行了实证检验。结论是中国形成了东部地区"外向型"和内陆地区"内向型"两种不同类型的经济运行格局；东部地区经济增长对内陆地区无溢出效应，而内陆地区经济增长对东部地区具有显著的溢出效应；内陆地区之间具有较强的经济关联，西部地区与中部地区和东北地区表现出"竞争型"区域经济关系，而中部地区和东北地区表现出"互补型"区域经济关系。由于我国经济空间是分割的格局，因此区域协调发展的核心是形成全国"统一"的经济空间格局和内陆"互补型"经济空间格局[135]。

目前，关于新经济地理学应用方面的实证很多，不再一一列举。这说明新经济地理学是目前经济活动和空间布局之间关系最适宜的理论。第 5 章就该理论的思想是否适用于本书的研究进行分析。

3.4　本章小结

本章在对物流园概念进行阐述的基础上，提出了钢铁物流园的概念，并以此为基础，对我国钢铁物流园的发展历程进行了总结。同时，对京津冀钢铁物流园的现状进行了分析，以便为其后的空间布局机理和模式打下实际应用的需求基础。

在对钢铁物流园根据功能进行分类的基础上，明确了复合型钢铁物流园是未来的发展方向；但京津冀所有具备最基本"仓储+运输"功能的钢铁物流园，均是本书所需进行空间布局的研究对象，由此界定了本书的研究边界。

本章的理论研究部分，首先对面向于经济活动空间布局的经济地理学进行了分类，即微观静态和宏观动态两类，然后对各类对应的主流理论进行了归纳和总结。以此为基础，总结出了经济地理学的局限：未提出一个能同时解释厂商和消费者区位选择的一般均衡框架；不能解释边际收益递增的经济新特点现象[117-122]。

为解决经济地理学的局限问题，新经济地理学出现并成为当今主流的研究经济活动空间布局的新理论。本节首先总结了其主要内容，即经济活动的空间集聚和区域增长集聚的动力。其次对其核心理念进行归纳，即消费多样性偏好、规模收益递增、冰山运输成本，这是本书构建京津冀钢铁物流园空间布局机理的理论基础。最后，通过对新经济地理学实证应用方面的研究，以表明新经济地理学强大的生命力和广泛的适应性，以及借鉴其他学者对该理论的运用方法。

关于新经济地理学对空间布局机理方面规划的支撑，在本节划定的研究边界内，在第五章展开研究。

第4章 空间布局约束因素与约束方式

不论运用任何理论、任何方法研究经济活动的空间布局，首要工作必须是划定约束该空间布局研究的约束因素。在市场意愿下，京津冀钢铁物流园空间布局的约束因素是什么？在《纲要》实施后，在行政意愿下，三大先行领域作为行政约束如何对京津冀钢铁物流园空间布局发挥作用？如果不能直接发挥作用，那么通过怎样的约束形式间接发挥作用？这是本章需要解决的问题。

4.1 传统约束因素

目前，京津冀地区的钢铁物流园在空间分布上杂乱无序，多为市场行为。在本书中，传统的钢铁物流园空间布局约束因素主要指的是在市场意愿下，钢铁物流园的投建者，在设计规划钢铁物流园时，重点需要考虑的因素。此方面的空间布局，更侧重于选址的理念，需要考虑的是微观方面的约束[136-138]。具体如下：

4.1.1 自然环境因素

钢铁物流园选址过程中，主要考虑的自然环境因素可以分为气象条件、地质条件、水文条件和地形条件四类，具体如下：

（1）气象条件：包括当地气温、风力、降水、无霜期、冻土深度、年平均蒸发量等。例如：在存储过程中，过多的降水或潮湿天气，将使钢材加速锈蚀，从而影响销售和使用。

（2）地质条件：钢铁物流园聚集了大量的钢材，由于这些品种、材质的不同，所要求的码放标准也不同，因此对地面造成的压力也不同。钢铁物流园的土地要求有足够的承载力，以适应这些钢材的存放。因此，在对钢铁物流园选址时，要充分考虑地质条件，如果地面以下存在淤泥层、松土层将会对受压地段造成沉陷或翻浆，要避免使用这样的土地；如果非得使用，必须用山皮石等铺垫夯实，如此造成投入的大幅提升。

（3）水文条件：钢铁物流园的选址还要考虑不能选择有过高的地下水位和泛区、内涝区、古河道、干河滩等区域，这些区域极易带来水患造成钢材浸泡锈蚀。另外，排水不畅的低洼地将会造成露天存放的钢材长时间泡水，极易造成钢材锈蚀。

（4）地形条件：在地形方面，钢铁物流园的选址要有适当的面积和外形，以方便钢材的存放和道路的循环，以及吊装设备的运行。最理想的地形是地势较高、完全平坦的地形，其次的地形是有坡度或起伏的，要完全避开山区陡坡地区；要尽量选择一长方形的范围，避免狭长或不规则的形状。另外，还要避开风口，以减少风口对钢材装卸的影响，因为在吊装过程中，5级以上的风就会使吊具和钢材乱摆，容易撞吊车支架而引起事故。

4.1.2　经营环境因素

影响钢铁物流园选址的经营环境因素包括政策环境、钢材特性、物流成本、外部服务水平、土地价格、土地冗余、钢厂和中心市场分布、人力资源条件等，具体如下：

（1）政策环境：钢铁物流园的选址对于经营环境的需求主要是所在地区是否有支持物流产业发展的促进政策或限制政策；钢铁物流园后期的发展，是否有政府的支持；拟选址的钢铁物流园所在地，是否在短期内有拆迁的可能等。这点相当重要，必须在钢铁物流园最终选址明确之初确定。

（2）钢材特性：不同品种材质的钢材，对于存放、吊装的条件要求差别很大。有些钢材可以室外存放，有些必须室内存放；有些需要单个码放，有些可以叠加码放；叠加码放的有些可以码放两层，有些可以码放十层左右。这些钢材的特性，对最终钢铁物流园的规模、建设强度、土地硬度、作业流程规划等方面影响很大，因此需要在规划期提前考虑。

（3）物流成本：大多数钢铁物流园在选址时，一般都接近物流服务的发生地即钢厂，或者物流服务的需求地即中心市场，二者缺一不可；这样可以大大地降低物流成本，提高物流的质量。物流成本是决定钢铁物流园能否长期生存、发展的关键因素，是影响钢铁物流园选址的最重要因素。

（4）外部服务水平：钢铁物流园在经营过程中，不可能所有的服务需求都自己解决，因此一些关键的外部服务如设备维修、能源供应、人文服务等需求，必须由外部提供且保质保量，否则将延误生产，降低钢铁物流园的服务水平，不能保证钢材最基本的物流需求——卸得下来，装得出去。

（5）土地价格：钢铁物流园的规模一般都是比较大的，占用的土地面积也比较大。在为钢铁物流园选址时，要尽量考虑地价是否合适，要尽量避开地价较高的中心地区。

（6）土地冗余：物流业的发展十分迅速，而且钢铁物流园也越来越向综合性的方向发展，在选址时要为园区的发展预留空间，要保证周围有足够的发展空间，以保证以后更好地扩展业务和服务范围。

（7）钢厂和中心市场分布：钢铁物流园的选址要考虑钢厂和中心市场的分布状况，应该建设在尽可能接近钢厂或中心市场区域，以提高服务水平，降低运输成本，缩短服务响应时间；同时也能通过同行的集聚，共享物流资源，降低运输成本。

（8）人力资源条件：钢铁物流园属于劳动密集型产业，需要库管、操作工、司机、修理工等人员全天候服务，要考虑就近是否存在丰富的、高素质、大量的人力资源。

4.1.3 其他约束因素

4.1.3.1 基础设施状况

基础设施状况主要考虑的是钢铁物流园选址的交通条件和公共设施状况。

（1）交通条件：钢铁物流园的选址是否交通便利，是否通火车或货船；当地对于钢材运输车辆，是否有特殊的限行政策等。

（2）公共设施：最好具备良好的交通状况、通信能力，可以提供电、水、热、燃气，并能处理周围的污水及废料。

4.1.3.2 人文因素

钢铁物流园周边的民风如何，因为钢材运输车辆体积大、质量重，会带来道路毁损、噪声污染、安全隐患等问题，如果当地民风剽悍，极有可能会出现群众堵门事件，影响生产；如果当地风气不佳，可能会出现偷盗严重、招工不力等情况。同时，当地的普遍劳动力价格水平也是钢铁物流园这种劳动密集型企业需要重点考虑的成本因素。

4.1.3.3 其他因素

影响钢铁物流园选址的其他因素，包括国土资源利用、环境保护要求、周边状况、经济因素和非经济因素等。钢铁物流园的选址要遵守节约用地，充分利用国土资源的原则，合理布局钢铁物流园的用地，既能保证不浪费国土资源，又要为以后的发展保留一定空间，还要尽量缩小地价对园区的影响。同时，还具有保护自然和人文环境的作用，降低物流作业对城市周边的污染，维持城市可持续发展。

4.1.4 小结

传统约束因素，只对钢铁物流园的选址起到约束作用。但从本书的研究看，这些约束因素并不能发挥约束作用。这是因为：

（1）本书研究的边界不是单个的钢铁物流园，而是京津冀所有的钢铁物流园。

（2）本书研究的是在京津冀协同发展的大背景下，如何规范现有的钢铁物流园空间布局，以通过钢铁物流园促进三大先行领域在钢铁行业实施落实的问题。

（3）传统的约束因素出发点是微观的市场需求，执行的是市场意愿；而本书研究的出发点是宏观的行政需求，执行的是行政意愿。

因此，以下章节，将从行政意愿对京津冀钢铁物流园的行政约束入手，研究其空间布局问题。

4.2　行政约束因素

行政约束因素指的是《纲要》实施后，对钢铁供应链产生约束的三大先行领域，分别为交通因素、环保因素和产业升级转移因素。各因素对京津冀经济产生的影响及其对钢铁物流园空间布局的约束总结如下：

4.2.1　交通因素

4.2.1.1　政策导向

从全国范围来看，京津冀铁路和公路交通发达，交通运输方式多种多样，道路网线密度和运输能力均高于全国平均水平；但与长三角、珠三角相比，京津冀的交通运输基础设施建设依然相对落后，无法对区域内城市化和工业化快速推进的运输需求提供有效支撑。而且京津冀内跨行政区域的交通建设规划和运营管理缺乏协调配合，据统计，截至 2014 年，河北与京津之间仍有 18 条"断头路"和 24 条"瓶颈路";区域内各城市的交通建设现状严重制约了区域交通一体化进程。

2014 年，北京出台了《北京交通发展纲要（2014～2030 年）》，其中规划到 2020 年，形成京津冀 9000 千米的高速公路网及主要城市 3 小时公路交通圈。河北交通运输厅也承诺，为促进京津冀交通一体化发展，到 2020 年将打通区域内的全部"断头路"；以城际交通构建以北京为中心，以京津为主轴，以石家庄和秦皇岛为侧翼的区域城际轨道交通网，保障城际间可两小时直达[139]。

4.2.1.2　替代约束因素

对于钢铁行业来说，其原材料如焦炭、铁矿石等进入钢厂，因为具有发货地集中、货品单一的特点，往往通过铁路、水路等方式；而产成品如钢材、粗钢等，因为具有收货地分散、品种多样等特点，一般通过汽运的方式，尤其是京津冀地区更是如此。

《纲要》实施后，交通领域，铁路、水路的运输方式受政策影响不大，使交通领域对京津冀的钢铁行业影响不大；而公路汽运方面，由于京津冀地区多条公路的贯通，加上道路设施投资的增减，使得汽运的条件变好，从而使从钢铁物流园到中心市场的运输环境更好，单位运输成本呈现降低的态势。

从上文关于运输成本的文献综述可以得出结论：交通因素不能对钢铁供应链上的钢厂、钢铁物流园、中心市场的空间布局形成直接约束，不是钢铁物流园空间布局的约束因素。但运输环境的好转，可以降低运输成本，促进经济发展，从而有利于钢铁物流园的空间集聚。

结论：交通因素不能直接约束钢铁物流园的空间布局，但可以通过运输成本实现间接约束；运输成本因素是交通因素约束钢铁物流园空间布局的替代约束因素。

4.2.2　环保因素

4.2.2.1　政策导向

钢铁从炼焦、烧结、炼铁、炼钢到轧钢的整个冶炼工艺中，均不同程度地排放不同的污染物，这些污染物分为废气、废水和废渣三种类型。具体而言，烧结和炼焦环节主要产生硫化物、氮氧化物和烟粉尘等废气，炼铁及炼钢环节主要产生炉渣等废渣，轧钢环节主要产生冷却水等废水。其中，前两个环节产生废气污染物对环境的影响最为严重，这也是雾霾天气要求钢厂限产、停产的主要原因。

2014 年，环保部发布了《京津冀及周边地区重点行业大气污染限期治理方案》，方案明确提出将加快推进火电、钢铁等四大行业限期完成脱硫、脱硝、除尘设施建设。2015 年，环保部发布钢铁行业"史上最严"排放标准，部分污染物排放限值仅为 2005 年老标准的 10%，甚至高于部分海外发达国家的先进水平，钢厂环保的压力仍然巨大[140]。

环保因素对钢铁产量影响巨大。2016 年，环保限产带来的粗钢产量减少量约为 983.35 万吨，占 2016 年粗钢产量比重高达 1.22%，而全国粗钢产量增速也仅 1.20%，由此导致了 2016 年的钢价疯涨。李新创认为，在世界上钢铁产能最集中的京津冀地区，要治理雾霾，必须大幅减少钢铁行业排放的废气。而要达到此目标，一是要严格环保约束，最大限度减少单位产品污染物的排放量；二是彻底化解钢铁产能，大幅减少钢铁产量[141]。

4.2.2.2　替代约束因素

从上文关于环保因素的文献综述可以得出结论：环保因素对钢铁供应链上的钢厂产生约束，不对钢铁物流园的空间布局形成直接约束，故它不是钢铁物流园空间布局的约束因素。

但是，环保因素对钢铁产量的影响巨大，京津冀地区尤其如此；钢铁产量是决定钢铁物流园输入项的首要因素，决定钢铁物流园的规模和效益，是钢铁物流园空间布局需要重点考虑的因素。

结论：环保因素不能直接约束钢铁物流园的空间布局，但可以通过钢铁产量实现间接约束；钢铁产量因素是环保因素约束钢铁物流园空间布局的替代约束因素。

4.2.3 产业升级转移因素

4.2.3.1 政策导向

近年来，京津冀地区的钢铁产能急剧增加，具备两个特点：一是钢铁的总体产量远远大于市场需求的产量；二是总体产量中的低端钢铁供需严重倒挂，而高端钢铁的供给严重不足。因此，淘汰和转移升级落后产能，是《纲要》对于钢铁行业的重点要求。

根据工信部《钢铁工业调整升级规划（2016～2020 年）》[85]的要求，到 2020 年，钢铁工业供给侧结构性改革要取得重大进展，实现全行业根本性的脱困；产能过剩矛盾得到有效缓解，粗钢产能净减 1 亿～1.5 亿吨；能源消耗和污染物排放全面稳定达标，两个指标均下降；创新驱动能力要明显增强，建成国家级行业创新平台和一批国际领先的创新领军企业；产品质量稳定性和可靠性水平大幅度提升，实现一批关键钢材品种有效供给。

力争到 2025 年，钢铁行业供给侧结构性改革取得显著成效，有效供给水平显著提升，自主创新水平明显提高，形成区域分布合理、组织结构优化、质量品牌突出、经济效益好、技术先进、竞争力强的发展态势，使我国钢铁工业实现由大到强的历史性跨越。

总结这些政策的核心目标是：钢铁产量降下来、钢铁品质升上去。

4.2.3.2 替代约束因素

从上文关于产业因素的文献综述可以得出结论：产业的升级不会促进生产性服务业的空间集聚，即产业升级不是钢铁物流园空间集聚的约束因素，但钢铁物流园空间集聚可以促进钢铁的升级；技术升级可明显促进产业升级。

因此，京津冀要实现钢铁行业的产业升级，一是加强其技术升级的力度，二是促进钢铁物流园的空间集聚。

产业升级转移因素对钢铁品种结构构成的影响巨大，京津冀地区尤其如此。钢铁结构是决定钢铁物流园输入项的次要关键因素，因为不同的钢铁品种，对存储方式、存储场地、吊装设备和工艺、运输车辆和流程均不同；品质越高的钢铁，其对存储和运输的要求越高，从而使仓储成本和运输成本也很高。

结论：产业升级转移因素不能直接约束钢铁物流园的空间布局，但可以通过钢铁结构实现间接约束；钢铁结构因素是产业升级转移因素约束钢铁物流园空间布局的替代约束因素。

4.3　行政约束因素对钢铁行业约束的实证

在此，为描述简便，特将交通因素、环保因素和产业升级转移因素统称为行政约束因素；将替代约束因素即运输成本因素、钢铁产量因素和钢铁结构因素统称为市场约束因素。

上节的结论是行政约束因素不是钢铁物流园空间布局的约束因素，但其分别可以通过相对应的市场约束因素对钢铁物流园的空间布局产生间接约束。

那么，从逻辑上来说，市场约束因素可以传导给空间布局（至于这些市场约束因素是否充分、必要，将在本书第 5.3 节分析）；而行政约束因素可否传导给市场约束因素，需要进行分析论证。

本节将基于行政约束因素是否可以传导给市场约束因素，进行实证验证。具体如下：

4.3.1　验证方法选择

4.3.1.1　数据现状及验证需求

交通方面的投入和运输成本负相关。因为交通方面的投入越大，运输条件越好，社会运输成本越低，这符合经济发展的常理，无须验证。

要验证京津冀钢铁产量、结构与相应的交通、环保和产业升级转移方面的相关关系，一般的做法是根据现有的样本数据建立比较合适的回归方程。在传统的回归分析时，要求所有时间序列必须是平稳的，否则就会产生伪回归问题。

根据第 3 章对钢铁行业的相关描述，我国钢铁行业发展经历了几个阶段，各个阶段的转型期我国钢铁产量数据的波动较大。另外，京津冀地区受奥运会、雾霾、APEC 开会、阅兵等影响，时常限产、停产，致使京津冀的钢铁产量数据并不平稳。

因此，本实证检验的需求就是：如何构建相应的关系方程，使回归在数据不平稳的情况下有意义，同时又不忽视水平序列所包含的全部有用信息。这需要谨慎选择相应的研究理论和方法。

4.3.1.2 协整方法

1987 年，Engle 和 Granger 提出协整方法，为非平稳序列的数建模提供了新的途径。该理论认为：虽然一些经济变量本身是非平稳序列，但是它们的线性组合却有可能是平稳序列；这种平稳的线性组合被称为协整方程，其可解释变量之间的、长期稳定的均衡关系[142-143]。在钢铁的生产中，交通、环保和产业升级转移之间彼此交融，互为因果，故协整方法完全可以分析出其中的相关关系。

协整方法的定义如下：

k 维向量的分量间被称为 d，b 阶协整，记为 $Y_t \sim CI(d, b)$，如果满足：①都是 d 阶单整的，即 $Y_t \sim I(d, b)$，要求 Y_t 的每个分量$Y_t \sim I(d)$；②存在非零向量 $\beta = \beta(\beta_1, \beta_2, \beta_3, \cdots, \beta_k)$，使得$\beta Y_t \sim I(d-b)$，$0 < b \leqslant d$，则定义 Y_t 是协整的，向量 β 则定义为协整向量。

协整的意义就在于它揭示了一种长期的、稳定的均衡关系，其需要满足协整的经济变量之间不能相互分离太远，一次冲击只能使它们短时间内偏离均衡位置，在长期中则会自动恢复到均衡位置。协整分析的经济意义在于：对于两个具有各自长期波动规律的变量，如果它们之间是协整的关系，则其间存在一个长期的均衡关系；反之，如果这两个变量不是协整的关系，则它们之间不存在长期均衡关系。

关于协整关系的检验与估计目前存在许多具体的技术模型，如 Engle – Granger 两步法、频域非参数谱回归法、Johansen 极大似然法等。通过分析，本书采用 Engle – Granger 两步法，进行钢铁产量与相关变量间的协整关系检验。

Engle – Granger 两步法检验的主要过程如下：

第一步，若 k 个序列 y_{1t}，y_{2t}，y_{3t}，$\cdots$，y_{kt} 都是一阶单整序列，则建立回归方程为：

$$y_{1t} = \beta_2 y_{2t}，\beta_3 y_{3t}，\cdots，\beta_k y_{kt} + \mu_t \tag{4-1}$$

方程估计的残差为：

$$\hat{\mu}_t = y_{1t} - \beta_2 \hat{y}_{2t} - \beta_3 \hat{y}_{3t} - \cdots - \beta_k \hat{y}_{kt} \tag{4-2}$$

第二步，检验残差序列 $\hat{\mu}_t$ 是否平稳，即判断序列 $\hat{\mu}_t$ 是否含有单位根。通常用 ADF 检验来判断残差序列 $\hat{\mu}_t$ 是否平稳。如果残差序列 $\hat{\mu}_t$ 是平稳的，则可以确定回归方程中的 k 个变量（y_{1t}，y_{2t}，y_{3t}，$\cdots$，y_{kt}）之间存在协整关系，并且协整向量为（1，$-\hat{\beta}_2$，$-\hat{\beta}_3$，$\cdots$，$-\hat{\beta}_k$）；否则（y_{1t}，y_{2t}，y_{3t}，$\cdots$，y_{kt}）之间不存在协整关系。

4.3.2　变量及数据

本部分需要用协整方法检验京津冀钢铁产量与相应的交通、环保和产业升级转移方面的相关关系，因此京津冀地区的钢铁产量、交通、环保、产业升级转移四个变量必不可少，分别用 Y、T、E、F 表示。

另外，考虑到京津冀三大先行领域是钢铁产量的约束因素，但并不充分，因此还需引入其他必要约束因素。基于研究的严谨性考虑，钢铁的产量是在粗钢的基础上，用相应的劳动力投入而产出的，因此本书还需检验钢铁产量和粗钢产量、劳动力投入之间的关系，后二者分别用 O、S 表示。

钢铁产量受国民生产总值的影响，还会受其中品种钢数量的影响（品种钢附加值高，但工艺复杂，影响生产效率），故还需检验钢铁产量与国民生产总值、品种钢在钢铁产量中比例的影响，后二者分别用 GDP、P 表示。

综上所述，本书需要统一检验钢铁产量与国民生产总值、粗钢产量、品种钢比例、劳动力人数、交通因素、环保因素、产业升级转移因素之间的相关关系，并以此来构建函数模型。即用协整的方法求解 Y 与 GDP、O、P、S、T、E、F 之间的方程。

各变量的取值如下：

（1）钢铁产量 Y：统计年鉴中的钢铁产量数值。

（2）国民生产总值 GDP：统计年鉴中的 GDP 数值。

（3）粗钢产量 O：统计年鉴中的粗钢产量数据。

（4）品种钢比例 P：用统计年鉴中的重轨、大型型钢、中小型型钢、特厚板、厚钢板、中厚宽钢带、热轧薄宽钢带、冷轧薄宽钢带、镀层板等指标数据的和值，与同期钢铁产量的比值计算得出。

（5）劳动力人数 S：鉴于钢铁行业从业人数的不可获得性，本变量用统计年鉴中的工业企业人数数据。

（6）交通因素 T：鉴于交通投入数据的不完整性，本变量采用统计年鉴中的等级公路里程数据，但由于该数据逐年递增，不能反映真实的波动情况，故用该数据计算出的当期增加值即等级公里增加里程数来代替。

（7）环保因素 E：统计年鉴中的工业废水排放量、工业粉尘排放量、工业固体废物排放量、工业烟尘排放量求和的数据。鉴于数值的不完整性和不可获得性，加上统计单位的不统一，本书不采用节能、COD、SO_2、氮氧化物减排、氨氮减排这五个指标，而选取主要污染物排放总量这个指标①。

---

① 2012 年 8 月，国务院发布《节能减排"十二五"规划》（以下简称《规划》）。《规划》在"十一五"的节能、COD 和 SO_2 这三个约束性指标的基础上，在"十二五"期间新增了氮氧化物和氨氮这两个污染物减排的指标，形成了五个约束性指标；《规划》提出了对电力、钢铁、水泥、造纸、印染五大行业实行主要污染物排放总量，对新建、扩建项目实施排污量等量或减量置换。

（8）产业升级转移 F：统计年鉴中工业企业技术改造经费支出数据。

（9）本书搜集了以上变量从 1987 年到 2014 年共 28 年京津冀三地的相应数据，数据均来自相应年度的《中国统计年鉴》和《钢铁统计年鉴》，以及国家统计局官方网站的统计数据。

4.3.3　单位根检验

为了减少干扰因素，消除数据中存在的异方差，本书先对 Y、GDP、O、P、S、T、E、F 这 8 个变量取自然对数，分别记为 LY、LGDP、LO、LP、LS、LT、LE、LF，其相应的一级差分序列分别记为 DLY、DLGDP、DLO、DLP、DLS、DLT、DLE、DLF。

本书运用 EViews8.0 软件，对 LY、LGDP、LO、LP、LS、LT、LE、LF 的单位根进行单位根 ADF 检验，检验方程的选取根据相应的数据图形来确定，然后采用 AIC 准则确定最佳滞后阶数，差分序列的检验类型按相应原则确定。检验结果如表 4.1 所示。

表 4.1　各变量单位根 ADF 的检验结果

变量	检验类型 (C，T，K)	ADF 检验值	各显著水平下的临界值			检验结果
			1%	5%	10%	
LY	(C，T，0)	0.7519	−4.339330	−3.587527	−3.229230	不平稳
LGDP	(C，T，1)	0.1093	−4.356068	−3.595026	−3.233456	不平稳
LO	(C，T，2)	0.1572	−4.374307	−3.603202	−3.238054	不平稳
LP	(C，T，3)	0.1323	−4.394309	−3.612199	−3.243079	不平稳
LS	(C，T，0)	0.0167	−4.339330	−3.587527	−3.229230	平稳
LT	(C，0，0)	0.0034	−3.699871	−2.976263	−2.627420	平稳
LE	(C，0，0)	0.8897	−3.699871	−2.976263	−2.627420	不平稳
LF	(C，T，0)	0.4229	−4.339330	−3.587527	−3.229230	不平稳
DLY	(C，0，0)	0.0000	−3.724070	−2.986225	−2.632604	平稳
DLGDP	(C，0，0)	0.0000	−3.724070	−2.986225	−2.632604	平稳
DLO	(C，0，0)	0.0000	−3.724070	−2.986225	−2.632604	平稳

续表

变量	检验类型(C，T，K)	ADF 检验值	各显著水平下的临界值			检验结果
			1%	5%	10%	
DLP	(C，0，0)	0.0000	−3.724070	−2.986225	−2.632604	平稳
DLE	(C，0，1)	0.0000	−3.737853	−2.991878	−2.635542	平稳
DLF	(C，0，0)	0.0000	−3.724070	−2.986225	−2.632604	平稳

注：表中 D 开头的变量表示一阶差分，检验形式（C，T，K）中的 C，T，K 分别表示单位根检验方程包括常数项、时间趋势项和滞后阶数（年）；0 指检验方程不包括常数项或时间趋势项。

从表 4.1 中可以看到 LY、LGDP、LO、LP、LE、LF 是非平稳的，LS、LT 是平稳的。故将序列 LY、LGDP、LO、LP、LE、LF 分别进行一阶差分，得到 DLY、DLGDP、DLO、DLP、DLE、DLF，再对其进行单位根检验，结果都不存在单位根，为平稳时间序列。由于 LY、LGDP、LO、LP、LE、LF 的一阶差分都是平稳的，故其线性组合有可能是平稳的。因此，有必要对 LY、LGDP、LO、LP、LS、LT、LE、LF 进行协整检验。

4.3.4 协整检验

继续运用 EViews8.0 软件，对 LY、LGDP、LO、LP、LS、LT、LE、LF 进行迹检验，得出结果如表 4.2 所示。

表4.2 迹检验结果

Unrestricted Cointegration Rank Test （Trace）

Hypothesized No. of CE（s）	Eigenvalue	Trace Statistic	0.05 Critical Value	Prob.**
None*	0.996304	337.0285	143.6691	0.0000
Atmost1*	0.939007	191.4140	111.7805	0.0000
Atmost2*	0.915814	118.6921	83.93712	0.0000
Atmost3	0.645959	54.34909	60.06141	0.1383
Atmost4	0.415705	27.35221	40.17493	0.5042
Atmost5	0.290951	13.38112	24.27596	0.5893
Atmost6	0.149460	4.441527	12.32090	0.6470
Atmost7	0.008905	0.232557	4.129906	0.6877

从表 4.2 可以看出，变量 LY 和 LGDP、LO、LP、LS、LT、LE、LF 之间，最多有三个协整方程。本书选择以下的一组数据构建协整方程，具体如表 4.3 所示。

表 4.3　最佳协整方程数据

LY	LGDP	LO	LP	LS	LT	LE	LF
1.000000	1.254380	1.398993	-2.931245	0.324596	0.124046	0.075147	-0.257719
	(1.554)	(2.913)	(3.162)	(1.609)	(0.0784)	(1.292)	(1.457)

另外两组数据不予考虑的原因是：一组中 LGDP 取值为 0.000000，另一组中 LP 取值为 0.000000，显示 GDP 和 P 均不发生作用，这与方程假设不符，故不予采用。

因此，钢铁产量与各约束因素之间的协整回归方程为：

$$\ln Y = 1.254380\ln GDP + 1.398993\ln O - 2.931245\ln P - 0.324596\ln S + 0.124046\ln T + 0.075147\ln E - 0.257719\ln F \tag{4-3}$$

以上方程表明：

（1）GDP 每增加 1%，钢铁产量就增加 1.25%；

（2）粗钢产量每增加 1%，钢铁产量就增加 1.40%；

（3）钢铁结构中品种钢比例每增加 1%，钢铁产量就减少 2.93%；

（4）产业从业人数每增加 1%，钢铁产量就增加 0.32%；

（5）交通因素（道路建设）每增加 1%，钢铁产量就增加 0.12%，但由于此数据不显著，故可认为：交通因素对钢铁的产量无影响；

（6）社会总环保污染物多排放 1%，钢铁产量就会增加 0.075%；

（7）社会产业升级多投入 1%，钢铁产量就减少 0.26%。

结合以上结果及《纲要》实施后的相关政策可以得出结论：交通领域（如道路建设）对京津冀地区的钢铁产量不产生约束，环保领域和产业升级领域对钢铁产量产生约束。鉴于本书中环保和产业升级数据采用的均是京津冀地区的总量数据，因此只能认可其趋势；如果采用钢铁行业的环保和产业升级数据，则方程的效果会更优。而且环保领域、产业升级领域与钢铁产量之间存在长期的均衡关系。

4.3.5 格兰杰因果检验

根据上述协整检验结果，除交通因素外，其他变量均与钢铁产量之间存在长期均衡关系；而且所有变量两两之间，也可能存在长期均衡关系。但这种长期均衡是否构成因果关系，还需要进一步验证。由于格兰杰因果关系检验对滞后的阶数非常敏感，本书采用滞后2阶（即2年）的方式进行检验[142-143]。

继续运用 Eviews8.0 软件进行格兰杰因果检验，滞后期采用默认的2期（即2年），用P值小于0.05（即5%置信区间）作为判断决策是接受还是拒绝的标准得出结果如表4.4所示。

表4.4 格兰杰因果关系检验结果

零假设	F 值	P 值	决策	因果关系结论
LGDP ≠ > LY	1.76410	0.1958	接受	LGDP ≠ > LY
LY ≠ > LGDP	0.20368	0.8173	接受	LY ≠ > LGDP
LP ≠ > LY	0.27789	0.7601	接受	LP ≠ > LY
LY ≠ > LP	2.39066	0.116	接受	LY ≠ > LP
LO ≠ > LY	5.17051	0.0149	拒绝	LO = > LY
LY ≠ > LO	1.50476	0.2451	接受	LY ≠ > LO
LS ≠ > LY	4.12615	0.0308	拒绝	LS = > LY
LY ≠ > LS	3.29492	0.0569	接受	LY ≠ > LS
LT ≠ > LY	0.17572	0.8401	接受	LT ≠ > LY
LY ≠ > LT	2.24830	0.1304	接受	LY ≠ > LT
LE ≠ > LY	0.35064	0.7083	接受	LE ≠ > LY
LY ≠ > LE	3.19470	0.0615	接受	LY ≠ > LE
LF ≠ > LY	0.03735	0.9634	接受	LF ≠ > LY
LY ≠ > LF	1.69047	0.2086	接受	LY ≠ > LF

续表

零假设	F 值	P 值	决策	因果关系结论
LP ≠ > LGDP	0.08920	0.915	接受	LP ≠ > LGDP
LGDP ≠ > LP	1.13511	0.3403	接受	LGDP ≠ > LP
LO ≠ > LGDP	0.05424	0.9473	接受	LO ≠ > LGDP
LGDP ≠ > LO	1.19072	0.3237	接受	LGDP ≠ > LO
LS ≠ > LGDP	0.00916	0.9909	接受	LS ≠ > LGDP
LGDP ≠ > LS	2.60008	0.098	接受	LGDP ≠ > LS
LT ≠ > LGDP	0.36879	0.696	接受	LT ≠ > LGDP
LGDP ≠ > LT	1.98524	0.1623	接受	LGDP ≠ > LT
LE ≠ > LGDP	0.32125	0.7287	接受	LE ≠ > LGDP
LGDP ≠ > LE	1.54431	0.2367	接受	LGDP ≠ > LE
LF ≠ > LGDP	0.07333	0.9295	接受	LF ≠ > LGDP
LGDP ≠ > LF	1.88643	0.1764	接受	LGDP ≠ > LF
LO ≠ > LP	3.87377	0.037	拒绝	LO = > LP
LP ≠ > LO	1.58255	0.229	接受	LP ≠ > LO
LS ≠ > LP	1.13369	0.3408	接受	LS ≠ > LP
LP ≠ > LS	0.70012	0.5077	接受	LP ≠ > LS
LT ≠ > LP	1.96842	0.1646	接受	LT ≠ > LP
LP ≠ > LT	0.66529	0.5246	接受	LP ≠ > LT
LE ≠ > LP	0.54578	0.5874	接受	LE ≠ > LP
LP ≠ > LE	2.27455	0.1276	接受	LP ≠ > LE
LF ≠ > LP	7.11361	0.0044	拒绝	LF = > LP
LP ≠ > LF	2.26457	0.1287	接受	LP ≠ > LF
LS ≠ > LO	3.30561	0.0565	接受	LS ≠ > LO
LO ≠ > LS	4.25282	0.0281	拒绝	LO = > LS
LT ≠ > LO	0.13398	0.8753	接受	LT ≠ > LO
LO ≠ > LT	2.59217	0.0986	接受	LO ≠ > LT
LE ≠ > LO	0.59760	0.5592	接受	LE ≠ > LO
LO ≠ > LE	2.32614	0.1223	接受	LO ≠ > LE
LF ≠ > LO	0.22500	0.8004	接受	LF ≠ > LO
LO ≠ > LF	2.12703	0.1442	接受	LO ≠ > LF
LT ≠ > LS	0.89288	0.4245	接受	LT ≠ > LS
LS ≠ > LT	2.38692	0.1164	接受	LS ≠ > LT

零假设	F 值	P 值	决策	因果关系结论
LE ≠ > LS	0.10526	0.9006	接受	LE ≠ > LS
LS ≠ > LE	1.30065	0.2934	接受	LS ≠ > LE
LF ≠ > LS	0.90888	0.4182	接受	LF ≠ > LS
LS ≠ > LF	3.68634	0.0424	拒绝	LS = > LF
LE ≠ > LT	0.30266	0.742	接受	LE ≠ > LT
LT ≠ > LE	0.02732	0.9731	接受	LT ≠ > LE
LF ≠ > LT	8.33469	0.0022	拒绝	LF = > LT
LT ≠ > LF	1.23793	0.3103	接受	LT ≠ > LF
LF ≠ > LE	1.62085	0.2215	接受	LF ≠ > LE
LE ≠ > LF	0.29433	0.7481	接受	LE ≠ > LF

格兰杰因果关系检验结果可以表明：在两年的滞后期内，粗钢产量和劳动力投入人数可以推导出钢铁产量；粗钢产量和产业升级投入可以推导出品种钢比例；粗钢产量可以推导出劳动力投入人数；劳动力投入人数可以推导出产业升级投入；产业升级投入可以推导出交通因素。而且产业升级投入对品种钢比例、对交通领域的推动作用明显。

以上推导结论，按京津冀产业经济的一般规律来看，是符合常理的。

4.3.6　小结

通过对行政约束因素是否可以推导出市场约束因素的实证检验，以及普遍经济规律，可以认为：

（1）交通因素可以对运输成本因素产生约束。一方面，交通路网的建设、交通设施的升级，均可以提升运输效率，降低运输成本，从而促进经济的发展，有利于生产性服务业的集聚；另一方面，交通政策的紧缩，可以增加运输成本，从而滞后经济的发展，不利于生产性服务业的集聚。

（2）环保因素可以对钢铁产量因素产生约束。钢铁产量对污染物的产出效果显著，强健型环保政策会大幅降低钢铁产量。

（3）产业升级转移因素对钢铁结构产生约束。产业升级的投入对钢铁结构的优化作用明显，是正相关的关系。

另外，还存在以下的关系：

（1）交通因素与钢铁产量无相关关系。交通因素作为宏观因素，不只对钢铁行业发生作用，而且在生产关系中，交通因素并非钢铁产量的投入要素。

（2）交通因素与钢铁结构无相关关系。具体原因同上。

（3）产业升级因素可以推导出交通因素。产业升级可以带来技术进步，推动经济发展；而经济发展可以促进交通的进一步投入。

（4）钢铁结构与钢铁产量负相关。钢铁结构中高附加值的钢铁对钢铁总量的负相关关系显著，因高附加值钢铁的生产效率要远低于普通钢铁。

4.4　行政约束因素形成的市场约束因素

根据上节的结论，行政约束因素可以推导出市场约束因素，那么市场约束因素可以代替行政约束因素，在钢铁物流园空间布局中产生约束。市场约束因素如何对钢铁物流园空间布局产生约束，在第 5 章，将结合新经济地理学的核心理念进行分析。以下先对三大市场约束因素进行界定：

4.4.1　运输成本因素

运输成本分为两类：狭义的运输成本和广义的运输成本。

狭义的运输成本指的是运输企业在一定时期内完成运输任务全部

费用支出，称该期运输总成本；而单位运输产品分摊的运输成本支出，称单位运输产品成本，简称为狭义的运输成本。

广义的运输成本指的是进行运输活动所必须承担的机会成本，是人员和货物以不同方式进行位移所消耗的资源的价值，包括货币性的成本（固定设施成本、移动设施成本和运营成本等）及非货币性的资源消耗（时间、环境、安全等）[144]。

在本书中，为研究简便并能反映钢铁物流的客观现实，采用狭义的运输成本。此运输成本包含一定时期内为完成运输任务而花费的固定成本（如车辆折旧、保险、管理人员工资、运管费、验车费、调度设备设施费等）和变动成本（如油费、修理费、磨损费、过路费、罚款、司机提成工资等）在单位钢铁上的总和。

4.4.2 钢铁产量因素

生铁是铁矿石经过冶炼后，在一定的化学作用下形成的产品。

粗钢是生铁经转炉氧化脱去碳及其他杂质后加入合金、碳后，浇铸得到的产品。

钢材是生铁、粗钢或其他钢材通过压力加工制成的一定形状、尺寸和性能的产品。

在国家统计标准里，生铁、粗钢和钢材是三个不同的指标。在本书中，钢铁特指钢材，钢铁的产量也特指钢材的产量。因为钢铁物流园流通的，都是成型的钢材，而不是半成品的生铁或粗钢；之所以将钢材称为钢铁，是一个约定俗成的称法。

4.4.3 钢铁结构因素

按照生产工序、外形、尺寸和表面对钢产品分类的基本准则，我国钢材统计指标体系将钢材品种分为 22 个品种，主要有铁道用材、型材〔棒材、钢筋、大型型钢、中小型型钢、线材（盘条）〕、板材〔特厚板、厚板、中板、中厚宽钢带、热轧和冷轧薄宽钢带、热轧和冷轧薄板、热轧和冷轧钢带、镀层板（带）、涂层板（带）]、管材（无缝钢管、焊接钢管）和其他钢材，另外还有金属制品。

按照钢材的品质，可以分为普通钢（$P \leqslant 0.045\%$，$S \leqslant 0.050\%$）、优质钢（P、S 均 $\leqslant 0.035\%$）和高级优质钢（$P \leqslant 0.035\%$，$S \leqslant 0.030\%$）[145]。

每种钢材品种，对于仓储、加工、运输、吊装、包装等使用的车辆、吊具、卡具、垫具、固定件等是不同的；对于存放场所的封闭状态、地面平整度和干燥度、风力等也是不同的。

最合理的钢材分类方法是按品种分类，但这种方法太过繁杂，而且数据量相对庞大。为简便起见，本书采用按品种的分类方法，将优质钢和高级优质钢所占进入钢铁物流园的钢铁总量中的比例，称为钢铁结构。

4.5　约束方式

通过前几节的分析可以认为：

（1）行政约束因素（交通、环保、产业升级转移）并不能直接对产业的空间布局产生约束。

（2）交通因素的替代因素——运输成本，环保因素的替代因素——钢铁产量，产业升级转移因素的替代因素——钢铁结构，可以对京津冀钢铁物流园的空间布局产生约束。

（3）运输成本、钢铁产量、钢铁结构，可以定义为市场约束因素。

（4）行政约束因素可以推导出市场约束因素，市场约束因素可以对京津冀钢铁物流园的空间布局产生约束。

因此，京津冀钢铁物流园空间布局约束的方式为：行政约束因素通过市场约束因素，间接对空间布局产生影响。

具体模式如图 4.1 所示。

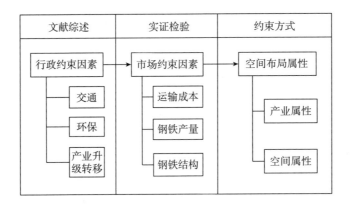

图 4.1 京津冀钢铁物流园空间布局约束方式图

至于行政约束因素形成的市场约束因素，是否为对钢铁物流园空间布局进行约束的充分条件，即自变量是否充分，由于涉及因变量——空间布局的产业属性和空间属性，故在第 5 章定义因变量后再行讨论。

4.6 本章小结

本章在对传统钢铁物流园空间布局传统约束因素分析的基础上，认为其不能从宏观的角度对钢铁物流园空间布局进行约束，不能满足《纲要》实施的新形势需求。

本章对行政约束因素（交通因素、环保因素、产业升级转移因素）进行了分析，但根据文献综述的结论，行政约束因素并不能直接对钢铁物流园的空间布局产生约束，故根据研究的需要，提出了与行政约束因素一一对应并能对钢铁物流园空间布局产生约束的替代约束因素（运输成本因素、钢铁产量因素、钢铁结构因素），并将其定义为市场约束因素。

为了逻辑的严谨，对于行政约束因素是否能推导出市场约束因素，本书进行了基于协整方法和格兰杰因果方法的实证检验，结果表明，行政约束因素可以推导出市场约束因素，市场约束因素完全可以替代行政约束因素对京津冀钢铁物流园的空间布局进行约束。

最后，本章对市场约束因素进行了界定，以适应其后的研究。具体为：运输成本特指狭义运输成本；钢铁产量特指钢材的产量；钢铁结构特指优质钢、高级优质钢在钢铁产量中的比例。

以下章节，就市场约束因素如何对京津冀钢铁物流园空间布局形成约束进行研究。

第5章 京津冀钢铁物流园
空间布局机理

从上章的研究可以看出，行政约束因素不能对京津冀钢铁物流园的空间布局形成约束，故引入了市场约束因素的概念。那么，市场约束因素如何对京津冀钢铁物流园的空间布局进行约束？规范化的钢铁物流园空间应该如何布局？本章将结合新经济地理学的理论思想，一一进行研究解答，从而形成系统的京津冀钢铁物流园空间布局机理。

在此之前，需要明确京津冀钢铁物流的特点，以对症下药，提出相应的规划策略。

5.1 京津冀钢铁物流的特点

影响京津冀钢铁物流园空间布局的京津冀钢铁物流的独有特点之一是短途专项运输。具体为：由于京津冀钢铁的产能很大，因此，钢厂在生产出钢铁后，往往需要立即从钢厂运出，以免因为厂内库存增加而影响生产。对于钢厂的送货车辆来说，其最重要的任务不是快速将钢材送到用户手中，而是力保"产销衔接"。在第3章介绍过，为钢厂提供运输服务的，均是第三方车队。为了完成"产销衔接"这一政治任务，车队往往在钢厂附近，建立中转仓库，并抽调专门的车辆从事短途专项运输，先将钢材从钢厂运出；再组织长途车辆，将钢材送到用户手中。为了提高效率，并提高效益，车队在钢厂附近建立的钢铁物流园，必定是离钢厂越近越好；针对销售给贸易商，又不能指定最终用户的钢材，一般是由贸易商在需求最大的地区，建立钢铁物流园。钢厂的钢材到钢铁物流园等待销售，一旦销售成功，需要最快送到最终用户手中，这就导致钢铁物流园的选址，必定是离中心市场越近越好。

影响京津冀钢铁物流园空间布局的京津冀钢铁物流的独有特点之二是长途钟摆运输。从钢厂运出进入车队钢铁物流园的钢材，其送货到最终用户手中或是钢材贸易商的钢铁物流园的方式，基本上是长途运输。而从事长途运输的车辆，其从事的运输基本上是钟摆式运输，几乎很少有专项长途运输。举例说：某长途车，从天津港口运铁矿石到曹妃甸首钢京唐公司；卸货后，再接受钢厂第三方车队委托，送钢材到天津地区；然后运铁矿石到京唐公司。这就导致钢厂的第三方车队从原先的运输执行者逐渐过渡为运输组织者。

5.2　基于新经济地理学的空间布局规划

基于新经济地理学的视角研究钢铁物流园空间布局规划首先需要就该理论对钢铁物流园空间布局的适用性进行分析。

消费多样性偏好、规模收益递增、冰山运输成本是新经济地理学的三大核心理念，以下就这三大核心理念是否适用于京津冀钢铁物流园空间布局的规划需要，分别进行分析。在此之前，为提高分析的可信度，需要对空间布局的属性进行细分，以分别对应不同的核心理念进行有针对性的研究。

5.2.1 空间布局属性

空间布局的属性分为两类：一是产业属性，即产业对空间布局的影响；二是空间属性，即地理特征对空间布局的影响。

5.2.1.1 产业属性

在产业空间布局的解释上，产业属性更多地指向市场因素，即越接近市场和劳动力的地区，越容易形成生产性服务业集聚[146]。克鲁格曼在分析经济边界时指出：靠近市场和劳动力的地区，往往比较容易产生产业间溢出效应，从而促进产业集聚。

对于京津冀钢铁物流园来说，事实上也是如此，由于钢铁物流园的具体服务对象主要是钢厂和中心市场，因此在钢厂和中心市场附近，形成了大量的钢铁物流园，只是这些钢铁物流园的空间布局无序，生产率不高，且给地方交通和居民生活带来了很大的压力与干扰。因此，这些钢铁物流园需要进行规范。

在本书的研究中，钢铁物流园是钢铁产业链的枢纽环节，其输入端即市场因素，一是钢厂进入其中的钢材供给量，二是从其中送到中心市场的钢材需求量。从长期看，钢材供给量和需求量是均衡的。在实际中，尤其是京津冀地区，随着首钢从北京迁出，钢厂和中心市场往往异地，故钢铁物流园的规模取决于以上两个方面之一，同时作用的情况极少。

从钢铁产业角度看，不同的钢铁数量、不同的钢铁品种结构，对于钢铁物流园规模的要求是不同的，但其中存在一个线性关系。为了使研究更能反映最终的空间布局需求，本书将钢铁物流园的市场因素造成的结果——钢铁物流园的规模，定义为其空间布局的产业属性。

5.2.1.2 空间属性

与空间布局的产业属性不同，空间属性主要考虑地理特征对产业集聚的影响。根据产业集聚理论历史发展过程，对集聚的产业经济边界提出质疑的主要集中在以区位论为代表的区域科学领域，相关学者更多地强调地理上的区位优势对于产业集聚的重要性，或者说是产业空间布局的先天优势。

在《纲要》实施的大背景下，钢铁物流园的空间布局，更多考虑的是其对三大先行领域的契合度，地理特征对产业空间布局的约束退居其次。需要更多考虑的是，钢铁物流园应该在什么位置布局，方能满足交通、环保和产业升级转移三方面的要求。

由于钢铁物流特殊的物流特点，致使京津冀钢铁物流园的位置基本上只能选择靠近钢厂或中心市场。在钢铁供应链的整个环节中，运输成本占据了很大比例，这也就提升了钢材的价格。根据新经济地理学冰山运输成本的相关理论，如何降低运输成本成为钢铁物流园空间布局的重要影响因素。随着《纲要》实施，交通领域对运费的影响权重增大，影响运费的因素除了运距外，交通政策的影响逐渐加大且不为从业者所控，提升了研究的难度；而实际中，一个钢铁物流园，不只是为了一个钢厂或一个中心市场而建，这更加提升了钢铁物流园位置选择的复杂度。

在本书中，为了解决问题的同时将研究过程简单化，特将钢铁物流园的地理位置定义为其空间布局的空间属性。

5.2.1.3　二属性的关系分析

许多研究表明，空间属性的调整和变迁会对区域产业绩效甚至微观主体企业行为产生影响；反过来，产业属性的调整和整合也会对区域空间结构产生一定的反馈作用；也就是说，二者是互为关系。

如果假设产业属性和空间属性是可以量化的话，那么在逻辑上，不仅空间属性是关于产业属性的函数，同时产业属性也是关于空间属性的函数，在数学上两者表现为联立方程的关系：

$$F(空间属性) = A + B \times 产业属性 + C \times X_1 + a \tag{5-1}$$

$$F(产业属性) = D + E \times 空间属性 + G \times X_2 + b \tag{5-2}$$

式中，A、D 为属性矩阵；B、E、C、G 为弹性系数；X_1、X_2 为关键影响因素；a、b 为随机扰动项。因此，从两者互动的角度看，过度关注任何一个属性都会导致研究结果的偏差。

实现两者的融合要处理好产业属性和空间属性双向传导机制的关系，即产业属性如何传导至空间属性，而空间属性又如何反馈至产业属性。钢铁物流园的空间布局的产业属性和空间属性在一定程度上依附于钢厂或中心市场的产业属性和空间属性。因此，在考虑钢铁物流园空间布局时，钢厂的产量或中心市场的需求量、钢厂及中心市场的位置需要重点考虑。

从两者的双向传导机制来看，产业属性到空间属性的传导机制可以理解为：因存在产业双重空间布局（钢厂或中心市场与钢铁物流园）而同时产生的互补效应和挤出效应，使得部分产业从原来的地区转移至其他地区，从而促使钢铁物流园在空间上的移动。而空间属性到产业属性的传导机制可以解释为：由于空间结构的调整，如城市化的推进等因素，使得要素价格上涨，使得部分要素敏感型产业从原来的区域向要素价格相对较低的区域转移，而其余的要素不敏感型产业仍然留在原地，从而对其形成了产业属性的改变。

5.2.2　消费者多样性偏好与钢铁物流枢纽

克鲁格曼从迪克希特（Dixit）和斯蒂格利茨（Stiglitz）模型（简称 D - S 模型）中找到了灵感。这个张伯伦垄断竞争模型认为：消费种类和生产分工程度均内生于市场规模。

对消费者而言，产品的品种越多越好，这样可以提高效用水平；而对生产者而言，产品的品种越少越好，这样可以充分利用规模经济效应。如此产生了一个两难的冲突。一个规模扩大的统一市场可以使两难冲突的解决空间增大，因为市场规模的扩大有利于发挥规模经济的优势，使更多的人有机会消费更多样化、更物美价廉的产品。

D - S 模型的主要贡献在于为存在产品差异的垄断竞争模型提供一个简洁的分析框架。新经济地理学正是运用 D - S 模型描述了消费者的多样性偏好，并将其与贸易、市场规模和效用联系，构成了新理论的基本逻辑起点[126]。

在本书中，基于研究内容的相关性，不再构建相应模型。但在钢铁供应链中，随着时代的发展和科技的进步，以及社会分工的日益细化，环节中各个节点企业，对相互关联的企业，都存在着日益丰富的消费需求。而且大多数情况下，这些消费需求是相似的。

以 2012 年左右为例，部分钢厂、经销商都出现了大额资金的需求。为了满足资金的需求，加上钢材市场的低迷以及银行贷款难度的增大，部分大经销商将其资金民间借贷给资金的需求者，年利率达到了 10% ~ 30%。随着钢材市场的继续下滑，资金的造血功能持续降低，贷款者纷纷跑路，使很多金主遭受了巨额的亏损，大多数相关企业关停或转行。

其实这种问题，在复合型钢铁物流园内，完全可以规避。在复合型物流园内，银行、资金需求者可以通过钢铁物流园的经营者，实现资金的借贷、质押和监管，从而保障各方的利益，各个环节通过博弈达到利益的均衡和长期的发展，而不是致命的资金安全隐患。

在钢铁工业链中，存在着大量的需求需要外部提供。但由于信息的不通畅、地域的不便利、交流的阻碍，使需求的满足存在选择面的狭窄化，而不能获得最价廉物美的商品和服务。

鉴于消费种类和生产分工程度均内生于市场规模，而钢铁物流园又是钢铁供应链的枢纽环节，因此可以得出结论：将不同的钢铁物流园在空间上进行整合，小型钢铁物流园融入大型钢铁物流园内，通过空间集聚的形式，在一定的区域内，形成一个或几个钢铁物流园集群；然后通过政府的行政支持和指引，完成集群内钢铁物流园的股份和业务融合；最终以复合型钢铁物流枢纽的形式，将钢厂办事处、贸易商、加工商、承运商、银行、生活服务公司等所有钢铁供应链的关键节点企业，吸纳到钢铁物流枢纽中，以为整条供应链提供仓储、运输、加工、融资、贸易、期货交易、现货交易、商务办公、生活配套等服务，从而大幅降低中间成本、提升园区内企业的竞争力、增加交易机会。

从政府行政的角度，也为整合劣质企业、提升经济水平，并促进三大先行领域的实施落实提供了有益的途径。

规划：以行政命令的方式，促使钢铁物流园空间上的集聚，并逐渐合并形成大型、复合型钢铁物流枢纽。

5.2.3 规模收益递增与产业属性

规模收益递增是新经济地理学的理论基础，是指某一产品或行业净收益的增长速度，超过其生产规模的扩大速度的现象或状态。

规模收益递增产生的原因：一是人员专业化，如在小企业中，一个工人可能要做好几种作业；在大企业中，工人多，可以分工分得更细，实行专业化；如此就有利于工人提高技术熟练程度，有利于提高劳动生产率，从而通过规模降低成本，增加收益。二是设备和技术专业化，如小企业因为产量少，只能采用通用设备；而大企业实行大量、批量生产，有利于采用专用设备和较先进的技术，以分摊设备、技术的成本，大幅提高生产率。三是规模效应，即大规模生产便于实行联合化和多种经营，降低管理成本，增加收益。四是谈判优势，即实行大量销售和大量采购，可以具有一定的谈判优势，有利于节省购、销成本，增加收益。

在新经济地理学理论中，引起规模收益递增的来源有两个：一是消费者多样性需求偏好，即如果消费者表现出多样化的需求偏好，而制造业中由于产品的替代性较强，消费替代弹性较大，可以带来规模收益；二是中间投入品的多样性需求，即如果最终产品生产使用多种中间投入品，那么在中间投入品的生产中增加 1 倍的要素投入，产出将以大于 1 倍的比例增长。也就是说，由于存在中间投入产品，供应链上下游关系使得企业规模扩大，从而导致生产成本降低，收益增加[126]。

钢铁物流园属于生产性服务业的范畴，其服务对象从主功能"仓储＋运输"上来说，不是普通的消费者，而是钢厂和中心市场；其提供服务的媒介就是进入其中的钢材。钢厂和中心市场对于仓储、运输这种服务消费，也具有多样性偏好，这使得稍有差异的消费服务创新能极大地改变钢铁物流园的市场份额。因其消费替代弹性较小，故其多样性需求越强，而替代弹性越小，边际劳动产出比平均劳动产出越大，钢铁物流园的规模报酬收益递增程度越大；而支撑钢铁物流园消费服务创新的动力，就是足够多的钢铁输入。

进入钢铁物流园的钢材越多，即钢铁产量越大，所需钢铁物流园的规模越大，单位钢材的成本就降低，收益增加；进入钢铁物流园的钢材品种越多，即钢铁结构提升，钢铁物流园提供仓储和运输服务的品类越多，服务创新的需求和动力相对增加，从而促进收益增加。而钢铁产量和钢铁结构可以决定钢铁物流园的产业属性（下节分析），因此要提高钢铁物流园的规模收益，取决于钢铁物流园的产业属性。

规划：以行政和市场相结合的方式，促使钢厂将其汽车运输的钢材，全部进入复合型钢铁物流园进行统一的仓储和运输。

5.2.4　冰山运输成本与空间属性

5.2.4.1　理论应用

新经济地理学理论的核心思想在于假设存在运输成本。经过研究可以认为：运输成本和产业空间集聚之间存在"倒 U"型的非线性关系，即运输成本过高或过低都会导致产业空间上的扩散，只有合适的运输成本水平才能形成产业空间上的集聚[126]。

由于钢厂的产品是有形的，其生产和消费可以在空间和时间分离，因此，运输成本的节约可以促使其在原有优势区域集聚；但对于钢铁物流园的产品而言，运输是其主要的无形产品，其成本直接决定钢铁物流园空间集聚的模式。

对于钢铁物流园来说，由于大部分钢铁在生产出来后，不会立即进入市场，而要先进入钢铁物流园等待销售。但钢材从钢厂到钢铁物流园，再从钢铁物流园到中心市场（从中心市场到最终用户的运输成本，不由钢铁物流园承担，在此不予考虑），需要经过一系列的运输服务，产生相应的运输成本，这些运输成本是需要增加到钢铁的最终贸易成本中的，即冰山运输成本。

鉴于最终用户位置的不确定性，为了最大限度地降低总运输成本，钢铁从钢厂生产出来进入钢铁物流园，则钢铁物流园的位置或者接近源头即钢厂，或者接近中心市场，因为运输成本与运输距离直接相关。因此，运输成本决定了钢铁物流园的位置即空间属性。

位于钢厂和中心市场之间的钢铁物流园，到达某一端的运输成本较低，则会向该方集聚，向另一方扩散；反之亦然。这符合运输成本和产业集聚之间存在"倒 U"型的非线性关系，故冰山运输成本对于研究钢铁物流园的空间属性是有意义的。但基于钢铁物流园收益最大化原则，基于运输成本构建的钢铁物流园空间属性，需以总运输成本为目标。

规划：以行政意愿的方式，确定复合型钢铁物流园的地理位置，确定的依据是该位置与钢厂和中心市场之间的总运输成本最低。

5.2.4.2 模型简介

为了更好地体现冰山运输成本从理论上对于钢铁物流园空间属性的支撑，本书引入新经济地理学最具代表性的"核心—周边"模型（简称 C－P 模型），对运输成本如何确定钢铁物流园的地理位置进行分析和应用。

C－P 模型假设如下：

（1）整个经济系统中包含两个区域（区域 1 和区域 2），这两个区域在消费者多样性偏好、技术水平和贸易开放度方面都是对称的；不同的是，两个区域所拥有的资源禀赋优势，分别用资源禀赋系数 e 和 e^* 来表示，e 越大表示区域 1 的资源禀赋越多，e^* 越大表示区域 2 的资源禀赋越多。

（2）整个经济系统中只存在两个部门，即工业部门 M 和农业部门 A；农业部门以完全竞争和规模收益不变为特征，生产同质化的农产品；工业部门以垄断竞争和规模收益递增为特征，生产的是差异化的产品，其生产遵循齐次成本函数。

C–P 模型的构建如下：

（1）农产品的生产仅需投入劳动力这一种生产要素。生产一单位的农产品需要花费 α_A 单位的劳动。农产品价格分别用 Pa 和 Pa^* 表示，则两区域存在农产品生产时，具有以下数量关系：$Pa = \alpha_A W$，$Pa^* = \alpha_A W$。

（2）工业品的生产包含劳动力和中间投入品两种要素。具体而言，固定投入和边际投入需求（分别用 F 和 α_M 表示）都是包含劳动和所有工业品集合体（即工业品组合）的投入组合。假设生产函数是关于劳动投入 L 和所有工业品的不变替代弹性效用函数集合体的柯布—道格拉斯函数模型，其中工业品组合的支出份额为 μ；消费者和企业都对工业产品有多样性的偏好，且对工业产品组合的支出贡献了相同的份额 $\alpha = \dfrac{\mu}{\sigma - 1}$。那么，区域 1 代表性企业 j 的成本函数为：

$$C(x_j) = (F + \alpha_M x_j) P_p / e, \quad P_p = w^{1-\mu} (\Delta n^w)^{-\alpha}, \quad 0 < \mu < 1, \quad e > 1$$

$$(5 - 3)$$

式中，e 为区域 1 的资源禀赋系数；P_P 为生产价格指数。

（3）劳动力要素。工业部门和农业部门均使用一种劳动要素，两区域工人的工资分别用 w 和 w^* 表示。劳动力要素不仅可以在某一区域内的两个部门之间自由流动，也可以在两个区域间流动。由于劳动力可以自由选择就业于农业部门和工业部门之间，因此位于同一区域内的两个部门的劳动力工资水平必然相等。

（4）贸易成本。工业部门和农业部门的产品均可以在区域之间进行贸易，农产品的区际贸易不存在贸易成本，而工业产品的区际贸易遵循冰山运输成本原则，即工业产品在跨区域的运输过程中存在固定比例的损耗。

由此，构建 C–P 模型的柯布—道格拉斯效用函数如下：

$$U = U_M^{\mu} U_A^{1-\mu}$$

$$(5 - 4)$$

式中，U 为区域 1 性消费者的总效应水平；U_M 为消费者消费的各种工业品的效用；U_A 为消费者消费的农产品的效用；$\mu(0 < \mu < 1)$ 为在消费者的总支出中用于购买工业品的支出所占的份额；$(1 - \mu)$ 为用于购买农产品的支出所占份额。

工业品的消费效应 U_M 实际上指的是对工业品某种组合的消费，它是不变替代弹性型效应函数，具体如下：

$$U_M = \left(\int_{i=0}^{n+n^*} q_i^\rho \mathrm{d}_i \right)^{1/\rho} \tag{5-5}$$

式中，n 和 n^* 分别为位于区域 1 和区域 2 工业品的种类数，整个经济系统生产的工业品类数共计为 $n^w(n^w = n + n^*)$，反映出工业品的多样化程度；q_i 为位于区域 1 的消费者所消费的第 i 种工业品的数量；$\rho(0 < \rho < 1)$ 为消费者对差别化工业品组合的多样化偏好程度（ρ 越接近于 1，消费者的多样化偏好程度越弱）。

如果用 σ 表示两种工业品之间的替代弹性，则有：

$$\sigma = 1/(1 - \rho) \tag{5-6}$$

当 σ 趋近于无穷大时，柯布—道格拉斯效用函数就变成线性，这意味着产品之间具有完全的可替代性，即多样性需求强度为 0；当 σ 变小时，产品之间的可替代性减弱，消费者的多样性需求强度上升。

将式（5-6）代入式（5-5）可以得到：

$$U_M = \left(\int_{i=0}^{n^w} q_i^{\frac{\sigma-1}{\sigma}} \mathrm{d}_i \right)^{\frac{\sigma}{\sigma-1}} \tag{5-7}$$

式（5-7）所表示的间接效用函数形式如下：

$$V = \frac{E}{P} \tag{5-8}$$

$$P = \rho_A^{1-\mu} P_M^\mu = \rho_A^{1-\mu} (\Delta n^w)^{-\alpha} \tag{5-9}$$

$$\Delta = \frac{1}{n^w} \left(\int_{i-0}^{n^w} \rho_i^{1-\sigma} \mathrm{d}_i \right) \tag{5-10}$$

式中，P 为完全消费价格指数；P_A 为工业品组合的价格指数；n 为区域 1 的工业品类数；n^* 为区域 2 的工业品类数；n^w 为整个经济系统生产的工业品类数。

（5）退出决策。假设企业在某一区域内生产时能够获得正的纯利润，则进入该区域，如果当前的纯利润为负值时则退出该区域，这也是形成企业空间集聚的动因。具体如下：

$$\dot{n} = n \prod \qquad (5-11)$$

$$\dot{n}^* = n^* \prod{}^* \qquad (5-12)$$

式中，n 为区域 1 企业的纯利润；n^* 为区域 2 企业的纯利润；n 为区域 1 的工业品类数；n^* 为区域 2 的工业品类数。

5.2.4.3　C-P 拓展模型

要研究钢铁物流园的空间属性即位置，就需要明确影响钢铁物流园选址的重要因素。无论钢铁物流园在什么位置选址，除土地成本外，其他先期投入成本（设备投资、设施投资、厂房投资等）基本是一致的；运营成本（人工成本、能源成本、税费等）也基本是一致的。唯有运输成本是不一致的。因为短途专项运输和长途钟摆运输的运费水平相差很大，这就需要在明确钢铁物流园位置时，对运输成本关于钢铁物流园、中心市场的位置进行建模研究。

基于 C-P 模型，本书进行如下假设，以构建 C-P 拓展模型，用于对京津冀钢铁物流园的空间属性架构进行设计。具体如下：

（1）用钢厂替代区域 1，用中心市场替代区域 2；用农业部门替代产业属性，用工业部门替代空间属性。

（2）用钢铁产量替代劳动力要素，用钢铁结构替代工业品类数，用运输成本替代完全消费价格指数，用总运输成本替代贸易成本。

构建 C-P 模型如图 5.1 所示：

C-P 拓展模型架构的思想，是本书构建空间属性模型的理论基础。

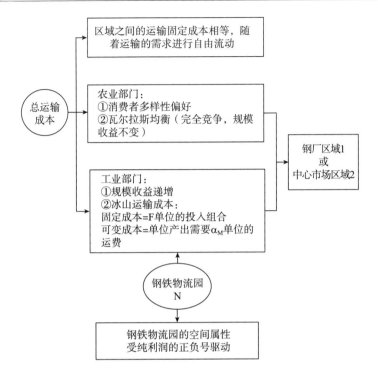

图 5.1　C－P 拓展模型架构

5.3　市场约束因素的充分性分析

要研究钢铁物流园的空间布局，首先要明确其中的约束关系。上文的结论中，市场约束因素钢铁产量、钢铁结构、运输成本是约束钢铁物流园的必要条件，这里不再讨论；但市场约束因素是否可以完全推导出京津冀钢铁物流园空间布局的产业属性模型和空间属性模型，其充分性需要进行分析。

5.3.1 产业属性模型

钢铁物流园属于生产性服务业，是依赖钢铁行业而生的，是为钢铁行业上下游各个环节提供物流协同服务的枢纽。因此，钢铁物流园的产业属性，必须依赖于钢铁行业的产量。不同的钢铁品种，对钢铁物流园场地的需求是不同的，这就因钢铁结构不同而形成不同的钢铁物流园规模。

决定钢铁物流园产业属性的是：各品种钢铁对应的场地面积。因此，需要事先明确的约束因素为：

（1）钢铁产量；

（2）钢铁结构；

（3）吨钢占地面积（因钢铁品种不同而异）。

以上三个约束因素，钢铁产量和结构因时间发生波动；而吨钢占地面积是常量，不因时间发生波动。因此在考虑钢铁物流园的产业属性的约束因素时，钢铁产量因素和钢铁结构因素完全能满足研究的需要，是产业属性的充分约束因素。

5.3.2 空间属性模型

钢铁物流园的空间属性，考虑的是基于总运输成本最小的最佳位置坐标。因此，空间属性取决于以下约束因素：

（1）钢厂及中心市场的位置坐标；

（2）单车载重量；

（3）单车最大运行速度（从钢厂到钢铁物流园）；

（4）单车日固定成本摊销；

（5）吨钢固定运输成本（从钢厂到钢铁物流园，不因钢铁品种、时间不同而异）；

（6）钢铁产量；

（7）钢铁结构；

（8）吨钢变动运输成本（从钢铁物流园到中心市场，因钢铁品种、时间不同而异）。

以上八个约束因素，前六个构成了总运输成本中的固定成本；（1）、（6）、（7）、（8）构成总运输成本中的变动成本。

前五个约束因素是常量，不随时间发生波动；后三个约束因素随时间发生波动。

因此，在考虑钢铁物流园的空间属性的约束因素时，钢铁产量因素、钢铁结构因素和运输成本因素完全能满足研究的需要，是空间属性的充分约束因素。

5.4 空间布局机理

从应用角度来说，机理指的是为实现某一特定功能，一定的系统结构中各因素的内在工作方式以及诸因素在一定环境下相互联系、相互作用的运行规则和原理。

根据前文对于京津冀钢铁物流园空间布局的规划，结合文献综述中生产性服务业集聚可以促进产业升级的相关理论，可以归纳出在《纲要》实施的大背景下，京津冀钢铁物流园空间布局的机理是：在京津冀钢铁物流园最佳空间布局方案的基础上，用行政"硬着陆"的方式促使钢铁物流园空间集聚，形成大型、复合型的钢铁物流枢纽；然后通过钢铁物流枢纽空间集聚与钢厂空间集聚的互动关系，通过市场"软着陆"的方式，促进行政意愿在钢铁行业的实施落实。

具体如图5.2所示。

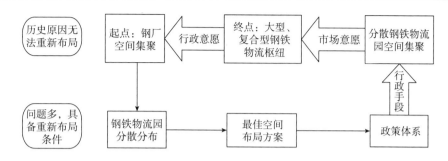

图5.2 京津冀钢铁物流园空间布局机理

机理实施的最关键环节是从京津冀所有钢铁物流园出发，制订出京津冀钢铁物流园最佳空间布局方案。然后以此方案为基础，推行相应的政策，以促使钢铁物流园区域内集聚壮大，倒逼钢铁行业的升级和三大先行领域的实施落实；所有工作的核心是京津冀钢铁物流园最佳空间布局方案。

为此，需要事先对方案之前的工作进行准备。首先要做的是基于行政意愿"硬着陆"的要求和行政约束因素不能对钢铁物流园空间布局产生约束的情况，用市场约束因素来替代行政约束因素，以满足产业属性模型和空间属性模型建模的需要。

具体约束的思路如图5.3所示。

为了研究便利，增强理论的可行性，根据新经济地理学规模收益递增理论，以上传导图在现实中顺利实施的假设为：钢厂的所有产品必须经过短途专项运输，进入钢铁物流园，继而通过统一配送到达中心市场。

事实上，此做法可以大幅度提升钢铁物流园的规模收益，有利于经济的增长，有利于发挥钢铁物流园的蓄水池作用，从长期看实际意义很大（在本书第7章专门论述）。

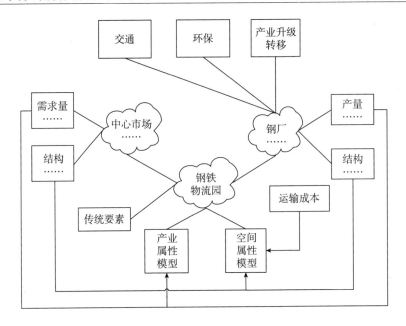

图5.3 京津冀钢铁物流园空间布局约束因素传导

5.5 本章小结

本章主要研究了以下内容：

首先，在分析京津冀钢铁物流特点的基础上，将钢铁运输分为两段：一是从钢厂到钢铁物流园的短途专项运输；二是从钢铁物流园到中心市场的长途钟摆运输。

其次，在结合新经济地理学理论和京津冀钢铁物流园空间布局实际需要的基础上，将空间布局属性分为两部分：一是产业属性即规模；二是空间属性即地理位置。

再次，本章基于新经济地理学的核心理论，结合京津冀钢铁物流园的实际需求，从行政意愿的角度出发，对未来京津冀钢铁物流园的发展方向和空间布局进行了规划。

　　最后，在讨论市场约束因素是京津冀钢铁物流园产业属性模型和空间属性模型构建充分条件的基础上，提出了京津冀钢铁物流园空间布局的机理以及模型的约束因素传导方式。

第6章 京津冀钢铁物流园
空间布局模式

　　本章将基于新经济地理学规模收益递增和 C – P 扩展模型的思想，对京津冀钢铁物流园的产业属性核心和空间属性模型进行构建，并对其进行设计实现。

　　鉴于土地资源的稀缺性，本章相应模型的构建目标是：最大钢铁输入下的最小钢铁物流园规模和最小运输总成本。

　　需要说明的是：钢铁结构定义的是优质钢和高级优质钢在钢铁总产量中的比值，但优质钢和高级优质钢，其中也分为不同的品种，各个品种对于存储场地、运输价格等因素也不尽相同。为了取值的统一，在本章中特将其转换为相应品种钢材的数量等相关数据。当然，如果为了估算方便，在实际应用中也可以推算成大致的钢铁结构数据。

　　本章的核心：在构建京津冀钢铁物流园空间布局模型（产业属性模型＋单源钢铁物流园空间属性模型＋多源钢铁物流园空间属性模型）的基础上，将其上升为具有实用意义的动态布局模型。以为下一章最佳空间布局方案打下基础。

　　相关模型如下：

6.1　产业属性模型

6.1.1　产业属性共性指标

在以前章节，本书根据钢铁物流园功能的不同，将其划分为"基础型""增强型"和"复合型"三个类型，对应不同功能的钢铁物流园。为了研究钢铁物流园的产业属性，本书设定了以下四个指标，此四个指标是钢铁物流园的共性指标，即只要钢铁物流园具备其中某项功能，就必须有相应指标的赋值。

6.1.1.1　基本产业系数

所有的钢铁物流园都必须具备仓储功能，针对仓储区的规模，本书特设立基本产业系数 B，并特殊赋值为 1。

6.1.1.2　必要产业系数

为了实现仓储功能和加工等其他功能，钢铁物流园内必须有车辆从事专门的入库、出库和倒运工作。为满足车辆行驶，必须有专门的道路。这些道路与仓储区的规模相关，即仓储区越大，所存储的钢铁越多，则运输的车辆越多，道路规模需要越大。

这些道路在本书中与钢铁的作业峰值无关，因为钢铁仓储遇到作业峰值时会出现拥堵，但这种拥堵可用智能调度去解决，而不是通过增加道路规模来解决。

道路的规模，在本书中特设立必要产业系数 E 来体现。

6.1.1.3　增强产业系数

如果钢铁物流园具备加工功能，则需要在仓储区之外，单独设立专门的区域，从事钢铁的剪切、拉升、抛光、绑扎和焊接等工作。加工区的规模，与仓储区钢铁的数量和结构有关；而仓储区钢铁的数量和结构,是仓储区规模大小的关键因素。因此,加工区的规模,也与仓储区规模相关。

但加工区的规模与市场的加工需求无关。钢铁产品在最终使用前,都必须经过加工。在成本、运输便利等条件等同的时候,一般的作业模式就是就近加工,而其他地区的钢铁,专门运输至钢铁物流园进行加工的情况不予考虑。

加工区的规模,在本书中特设立必要增强产业系数 M 来体现。

6.1.1.4 服务产业系数

如果钢铁物流园在仓储、运输和加工之外,根据行业发展和市场需要,增加商务配套、生活配套、现货交易、期货交易、电子商务、融资等服务功能,则需要开辟相应的区域。具体如下:

商务配套功能:需要提供办公物业、餐饮住宿、商务接待等区域。

生活配套功能:需要给仓库从业人员、入驻商务人员提供住宿餐饮、生活服务等区域。

现货交易功能:需要建立专门的交易市场,作为钢铁单证交换的集散地。

期货交易功能:一般不需要专门的区域。

电子商务功能:一般不需要专门的区域。

融资功能:一般不需要专门的区域。

以上区域,与仓储区的规模相关,即仓储区规模越大,服务功能所需要配套的区域也越大,在本书中特设立服务产业系数 S 来体现。

6.1.2 产业属性个性指标

在钢厂的产量和结构一定的情况下,钢铁物流园的产业属性也不能确定,对于不同的钢铁品种,其对钢铁物流园的产业属性的影响也是不同的,因为每种钢材,都具有不同的个性指标。具体如下:

6.1.2.1 码放结构

每种钢铁,由于其品种的区别,所占用的场地规模也是不一致的;

相同的品种，由于码放方式的区别，所占用的场地规模也是不一致的。举例说：热卷和冷卷，品种不一致，码放也不一致，热卷可以往上重叠成品字形码放，最多可以码放四层，而冷卷只能一卷一卷单独码放，不能挤压；同是螺纹钢，可以挤压，但三角形成堆和纵横成堆，各有利弊，所占用的场地也是不一致的。

在本书中，基于规模收益递增的考虑，利用最少的场地规模，存放最多的钢铁，因此利用实际中场地利用率最高的码放结构，来计算所需要的场地规模。

6.1.2.2　周转率

所有仓库都存在周转率的问题。周转率越高，场地利用率越高。周期内钢材的产量一致的情况下，周转率越高的品种，所需的场地规模越小。在本书中，周转率 = 评价期内品种入库数量/评价期内品种出库数量。

6.1.2.3　空间传导

为最大化地利用仓储场地，特殊约定：所有的钢材品种，不能严格地执行存储区专用的要求。因此，在动态的钢材产量和结构中，设立可替代的区域算法是必要的。在本书中，设立空间传导的概念而不是空间替换的概念，这是因为以螺纹钢和冷卷为例，螺纹钢的场地存放不了冷卷，但冷卷的场地可以存放螺纹钢，则可定义为冷卷对螺纹钢单向空间传导；而热卷和冷卷的存储场地，则可以替换的，可定义为热卷和冷卷双向空间传导。

综上所述，码放结构和周转率，对于钢铁品种的产业属性计算起作用，主要用于钢铁物流园规划时；而空间传导，则对钢铁的结构动态调整对于产业属性的计算起作用，主要用于钢铁物流园运行后。因为随着市场和政策的变化，钢厂的产量和结构是需要动态调整的，不可能一成不变，而每个品种对于钢铁物流园的产业属性是有影响的，因此需要在钢铁物流园建立之初，就设计一定的空间冗余；一旦钢铁物流园建立后，基本上就不能再进行调整了。所以需要根据空间传导特性，设计相应的算法，来预先体现这种空间冗余。

另外，如果钢铁物流园最终成为政府调节钢厂产量和结构的重要手段，则空间传导具有更深远的意义。如果某品种的钢材是政府鼓励产出的，则其阈值就是钢铁物流园原先设计的规模与其可传导的规模之和。

6.1.3 产业属性模型

6.1.3.1 理论模型

钢铁物流园的产业属性，就是在最基本的仓储区规模的基础上，乘以共性系数而来。而最基本的仓储区规模，则为各品种钢铁所占规模叠加。具体为：

$$A = W \times (B \times E \times M \times S) \tag{6-1}$$

式中，A 为钢铁物流园产业属性值（即规模）；W 为仓储区规模；B 为基本产业系数；E 为必要产业系数；M 为增强产业系数；S 为服务产业系数，B、E、M 和 S 的取值均大于等于1。

仓储区规模的计算公式为：

$$W = \sum_{i=1}^{n} c_i \times m_i \times r_i \tag{6-2}$$

式中，n 为钢厂生产的钢铁品种数量；c_i 为第 i 种钢铁在周期内的产量；m_i 为第 i 种钢铁吨钢的占地面积；r_i 为第 i 种钢铁在周期内的周转率。

6.1.3.2 参数设定

（1）基本产业系数 B。鉴于所有的钢铁物流园都必须具备仓储功能，在计算出仓储区规模后，如无特殊情况，则可对 B 赋值为1；但如果存在钢厂钢铁结构变化较大的情况，在考虑动态空间传导因素后，可进行调整。由于动态传导是在钢铁物流园投建之初就应该考虑的因素，故钢铁物流园投入使用后，再次调整仓储区规模实际操作难度极大，且没有意义。因此一般情况下，赋值为1是合理的。

（2）必要产业系数 E。钢铁物流园内道路的规模测算是一个复杂的过程，需要考虑交通流线、道路循环、峰值车流以及出入口设计等诸多因素。究竟应该在一个物流园内配套多大规模的道路，各种研究没有统一的说法。

通过对京津冀部分钢铁物流园的走访发现，所有的钢铁物流园都在仓储区内建有环场路；在仓储区中间，建有"十""卄""井"等型的连接道路与环场路衔接。建设什么样的道路，在设计时基本根据经验而来，没有统一的标准。

为使研究简单化，本书采用测算交通流量的方式反推道路规模。为此，需要做以下假设：一是钢铁物流园周期内出、入库的钢铁总量是相等的；二是钢铁物流园内车辆流量是均衡的；三是钢铁物流园内的所有道路是双向道路；四是钢铁物流园内车辆的运行安全距离符合国家相关规定；五是所有作业车辆的运输重量符合京津冀相关政策规定。因此有：

$$E = (W + D)/W \qquad (6-3)$$

式中，W 为仓储区规模；D 为道路规模。

仓储区规模的计算公式为：

$$D = 2 \times k \times s \times \sum_{i=1}^{n} \frac{2c_i}{z} \times \frac{t_i}{30 \times 24} \qquad (6-4)$$

式中，n 为钢厂生产的钢铁品种数量；c_i 为第 i 种钢铁在周期（自然月）内的产量；t_i（单位：小时）为单车运输第 i 种钢铁进出钢铁物流园的作业时间；30 为每月 30 天，24 为每天 24 小时；z 为常数，指的是每车的钢铁运输重量（单位：吨）；2 为双向车道；k 为常数，指每条车道的宽度（单位：m）；s 为常数，指每车的间隔（单位：m）。

（3）增强产业系数 M。虽然钢铁物流园内的钢铁数量越大，可加工的钢材就越多。但出于环保和人文方面的考虑，是在钢铁物流园内建立加工区域，还是在最终使用地附近建立加工区域，一直没有合适的答案。钢铁是否需要提前加工，也因品种和需求而异。由于缺乏相关的数据，故钢铁产量和加工量之间的函数关系无法进一步确立。但可明确的是，任何钢铁物流园要设立加工区域，必定会从市场需求倒推加工量，进而推出加工设备的选型，最终得出需要建立加工区域的规模。

因此，可以计算出增强产业系数 M，即：

$$M = (W + D + J)/(W + D) \qquad (6-5)$$

式中，W 为仓储区规模；D 为道路规模；J 为加工规模。

（4）服务产业系数 S。与 M 同理，可以计算出服务产业系数 S，即：

$$S = (W + D + J + F)/(W + D + J) \qquad (6-6)$$

式中，W 为仓储区规模；D 为道路规模；J 为加工规模；F 为服务规模。

（5）其他数据。c_i，m_i，t_i 等数据，可根据政府对于钢厂在产量、结构方面的规划得出。

空间传导数据，如传导品种，在规划钢铁物流园时就应该设计出；如遇钢厂钢铁结构发生变化，则在被挤占的品种中计算可用空间，如可用空间小于挤出空间，则新品种的仓储服务需求可满足，否则需要另行安排。

6.2 空间属性模型

空间属性模型是研究钢铁物流园地理位置坐标的模型。该模型的构建前提是：从钢铁物流园流入和流出的钢材，其总运输成本最小。

6.2.1　最小总运输成本函数

6.2.1.1　研究假设

要研究钢铁物流园的空间布局，就需要明确影响钢铁物流园选址的重要因素。无论钢铁物流园在什么位置选址，除土地成本外，其他先期投入成本（设备投资、设施投资、厂房投资等）基本是一致的；运营成本（人工成本、能源成本、税费等）也基本是一致的。唯有运输成本是不一致的。因为短途专项运输和长途钟摆运输的运费水平有很大的差异。这就需要在明确钢铁物流园空间布局时，基于 C－P 拓展模型架构的设计，根据京津冀实际情况和研究需要进行如下假设：

（1）从钢厂到钢铁物流园之间的运输为短途专项运输，垄断竞争，其运输成本由固定成本和可变成本两部分组成（实际亦如此）；

（2）从钢铁物流园到中心市场之间的运输为长途钟摆运输，完全竞争且规模收益不变，其运输成本仅由可变成本组成（实际亦如此）；

（3）从钢厂到中心市场之间的道路为直线，钢铁物流园在这条直线上；

（4）每辆车只运输一种品种的钢铁，不能拼车；

（5）短途专项运输和长途钟摆运输的运输成本之和，即为总运输成本；

（6）影响钢铁总运输成本的主要因素为钢铁的产量、钢铁结构、吨钢运输成本；

（7）钢厂所有的钢铁，必须经过钢铁物流园这个运输枢纽后，再行进入中心市场；不存在钢厂直接进入中心市场的情况。

6.2.1.2　运输成本构成

（1）固定成本。只要购置了车辆，准备从事钢铁运输业务就立即产生的成本，具体为车辆折旧、保险、管理人员工资、运管费、验车费、调度设备设施费等。

固定成本与车辆是否运营无关，与运输距离无关；与车辆的数量正相关。

对于短途专项运输来说，总的固定成本为：

$$F1 = \sum_{i=1}^{n} \frac{c_i}{z} \times \frac{t_i}{24} \times G \qquad (6-7)$$

式中，$F1$ 为所有为钢厂服务的运输车辆周期（自然月）的总固定成本；z（单位：吨）为单车运量；n 为钢厂生产的钢铁品种数量；c_i 为第 i 种钢铁在周期（自然月）内的产量；t_i（单位：小时）为单车从钢厂提第 i 种钢铁再返回钢厂的平均作业时间；G（单位：元）为常数，即单车在周期（自然月）的固定成本。

$$t_i = t_i^* + d_0/s_0 \qquad (6-8)$$

式中，t_i（单位：小时）为单车从钢厂提第 i 种钢铁再返回钢厂的平均作业时间；t_i^*（单位：小时）为第 i 种钢铁从钢厂装车和到钢铁物流园卸车的作业时间之和；d（单位：km）为常数，即钢厂到钢铁物流园的距离；s（单位：km/h）为常数，即单车从钢厂到钢铁物流园的平均车速。

（2）变动成本。变动成本是车辆启动就产生的成本，具体为油费、修理费、磨损费、过路费、罚款、司机提成工资等。

变动成本与运输距离正相关，运输距离越长，变动成本越高。

不论是短途专项运输还是长途钟摆运输，其单车的变动成本为：

$$f = z \times d \times p \qquad (6-9)$$

式中，f（单位：元）为单车单趟的变动成本；d（单位：km）为单程运距；p（单位：元/吨）为钢铁吨公里运费；z（单位：吨）为单车运量。

6.2.1.3 最小总运输成本函数构成及求解

京津冀钢铁物流园的总运输成本，就是从一个钢厂到一个钢铁物流园各品种短途专项运输的成本与从一个钢铁物流园到多个中心市场各品种长途专项运输的成本之和。

设钢厂的位置坐标为（x_0，y_0），各中心市场的位置坐标为（x_j，

y_j）；在钢厂和各中心市场直线上最小运输成本的钢铁物流园位置坐标为（x_j^*，y_j^*）；各线路最小的运输成本为 F_j。则有：

$$F_j = \min \sum_{j=1}^{m} \sum_{i=1}^{n} \left[\frac{G}{24 \times z} \times c_{ij} \times \left(t_i^* + \frac{d_j^*}{s} \right) + c_{ij} \times p_i^* \times d_j^* + \right.$$

$$\left. c_{ij} \times p_{ij} \times d_j \right] \tag{6-10}$$

式中，m 为中心市场数量；n 为钢厂的钢铁品种数；G 为单车周期（自然月）固定成本，为常数；z 为单车运量（单位：吨），为常数；s（单位：km/h）为短途专项运输的车速，为常数；c_{ij} 为第 i 种钢铁在周期（自然月）内的流向第 j 个中心市场的数量，以此也默认为第 i 种钢铁在周期（自然月）内的从钢厂流向钢铁物流园的数量；t_i^* 为第 i 种钢铁从钢厂装车和到钢铁物流园卸车的作业时间之和；d_j^* 为从钢厂到第 j 个成本最小钢铁物流园的距离；d_j 为从第 j 个成本最小钢铁物流园到第 j 个中心市场的距离；p_i^* 为第 i 种钢材从钢厂到钢铁物流园的吨钢运价，p_{ij} 为第 i 种钢材从钢铁物流园到第 j 个中心市场的吨钢运价。

根据以上定义，则存在以下关系：

设钢厂到第 j 个中心市场的距离为 D_j，则有：

$$D_j = \sqrt{(x_0 - x_j)^2 + (y_0 - y_j)^2} = d_j^* + d_j \tag{6-11}$$

$$d_j^* = \sqrt{(x_0 - x_j)^2 + (y_0 - y_j)^2} - d_j \tag{6-12}$$

另外，还存在以下关系：

$$c_i = \sum_{j=1}^{m} c_{ij} \tag{6-13}$$

式中，c_i 为第 i 种钢铁在周期（自然月）内的流向钢铁物流园的数量；c_{ij} 为第 i 种钢铁在周期（自然月）内的流向第 j 个中心市场的数量，以此也默认为第 i 种钢铁在周期（自然月）内的从钢厂流向钢铁物流园的数量。

对于最小运输成本函数（3），利用计算机编程，可计算出 F_j 和对应的 d_j^*。具体方法是：假设钢铁物流园的位置从钢厂开始，至第 j 个中心市场截止，则 d_j^* 的取值范围为 $[0, D_j]$，从 0 开始，每次按 $d_j^* = d_j^* + z$ 计算并记录（其中 z 为递增数，从 0 开始，越小则结果越精确但运算难度增加，根据实际情况按取值），找出 F_j 和对应的 d_j^*。

在找出 d_j^* 后，可计算出对应的钢铁物流园位置坐标（x_j^*，y_j^*）。x_j^*、y_j^* 满足以下关系：

$$\begin{cases} d_j^* = \sqrt{(x_0 - x_j^*)^2 + (y_0 - y_j^*)^2} \\ y_j^* = \dfrac{y_j - y_0}{x_j - x_0}(x_j^* - x_0) + y_0 \end{cases} \qquad (6-14)$$

6.2.2 单源钢铁物流园空间属性模型

京津冀钢铁物流园的现状是：在一个钢厂的周边，往往有数个大小不一的钢铁物流园；这些钢铁物流园，也同时为其他钢厂服务。

在《京津冀协同发展规划纲要》实施后，钢厂的产量和结构会发生调整，必将带来钢铁物流园的整合。为研究钢铁物流园的空间属性，本书将钢铁物流园划分为单源钢铁物流园和多源钢铁物流园。单源钢铁物流园指的是只为一个钢厂服务的钢铁物流园，多源钢铁物流园指的是同时为多个钢厂服务的钢铁物流园。但不论单源钢铁物流园还是多源钢铁物流园，从中流出的钢材，是面向多个中心市场的。

6.2.2.1 建模目标与思路

建模目标：根据 C－P 拓展模型的思路，以总运输成本最小为目标，构建模型，找出总运输成本最低的钢铁物流园的空间位置。

建模思路：依次找出一个钢厂分别到 j 个中心市场总运输成本最低对应的钢铁物流园位置坐标（x_j，y_j）和对应的运输成本 F_j；以 F_j 为权重，运用重心法的思路并对其进行拓展，找出 j 个位置坐标的重心点（x，y）；以（x，y）为基础，运用迭代法，找出最终的精确钢铁物流园位置坐标（x^*，y^*）和对应的运输成本 F^*。具体思路如图 6.1 所示。

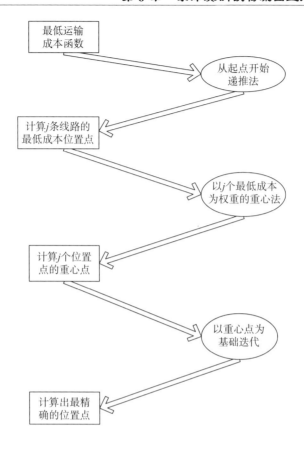

图 6.1　单源钢铁物流园空间布局建模流程

6.2.2.2　模型优化

根据图 6.1 的流程，首先用重心法求出大致的钢铁物流园空间坐标；然后以此空间坐标为基础，通过微分迭代的方法，确定最终的精确空间坐标。具体方法为：

（1）重心法求解大致坐标。重心法是一种模拟方法。此方法将物流系统中的两个点（即需求点和资源点）看成是分布在物体系统中某一平面范围内的相同属性的点，各点的需求量和资源量分别定义为物体系统的重量。物体系统的重心作为求解的物流网点的坐标，利用物理方法中求物体重心的思想来确定物流网点的位置坐标。

重心法将产品运输过程的总运输成本作为唯一的决策要素，只要能够保证总运输成本最小化的物流网点的位置坐标就是合理的、最优的。物流系统中需求点和资源点与物流网点之间的欧式距离作为计算总运输成本的标准，利用两者之间的正比例关系可以得出重心模型的方程表达式[147-148]。

设最终的钢铁物流园 P 对应的坐标为（x，y），每条线路对应的钢铁物流园的坐标为（x_j^*，y_j^*）（其中，$j = 1$，2，3，$\cdots$，m），每条线路的最小运输成本为 F_j，则最终决策出的钢铁物流园位置应该是：

$$\begin{cases} x = \dfrac{\sum\limits_{j=1}^{m} F_j \times x_j^*}{\sum\limits_{j=1}^{m} F_j} \\[4mm] y = \dfrac{\sum\limits_{j=1}^{m} F_j \times y_j^*}{\sum\limits_{j=1}^{m} F_j} \end{cases} \qquad (6-15)$$

运用重心法得出的位置坐标，具体如图 6.2 所示。

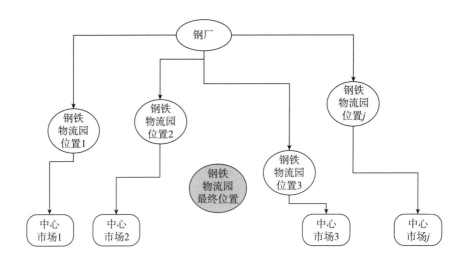

图 6.2 重心法模拟出的最终位置坐标

重心法的优点在于计算方法直观，运算速度快，可以很快找到使总运输成本最低的最优位置坐标点。

　　但这种方法也存在着一定的缺陷，主要表现在：

　　第一，该方法假设总运输成本与运输距离呈线性关系。但在实际中，运输成本是由两部分构成的：一是不随运输距离而变化的固定成本；二是随距离变化的可变成本，且呈非线性关系。

　　第二，该方法将待选地点定义在需求点与资源点之间的一条直线上，可实际上运输总是在固有的道路网中进行，两个点之间不可能总是一条直线距离。为避免这种情况，可以根据实际地形选择一个大于等于 1 的折线因子，将计算出的距离根据需求放大相应倍数，作出近似处理。

　　鉴于重心法将纵向和横向的距离定义为互相独立的量，这与实际情况是不相符的，往往其结果与现实环境差距较大，只能算是一个大致的坐标，因此只能作为一种参考结果。以下用微分迭代的方法，对重心法的结果进行计算，以找出更优的精准位置坐标。

　　（2）微分迭代求解精确坐标。为克服重心法的不足，需要采用微分迭代的方法求出精确坐标。该方法利用重心法的结果作为初始解，通过连续迭代而获得精确坐标。

　　在重心法求解的重心点函数中，每条线路的最低费用 F_j 为该线路上钢铁物流园位置坐标（x_j^*，y_j^*）对应的最小运输成本，并以此为权重。为进一步精确求解，特设校验函数 I，则有：

$$I = \sum_{j=1}^{m} F_i \times \sqrt{(x - x_j)^2 + (y - y_j)^2} \qquad (6-16)$$

　　通过微分，可得出最终的位置坐标（x，y），为：

$$
\begin{cases}
x = \dfrac{\displaystyle\sum_{j=1}^{m} F_i \times x_i \Big/ \sqrt{(x-x_j)^2 + (y-y_j)^2}}{\displaystyle\sum_{j=1}^{m} F_i \Big/ \sqrt{(x-x_j)^2 + (y-y_j)^2}} \\[4mm]
y = \dfrac{\displaystyle\sum_{j=1}^{m} F_i \times y_i \Big/ \sqrt{(x-x_j)^2 + (y-y_j)^2}}{\displaystyle\sum_{j=1}^{m} F_i \Big/ \sqrt{(x-x_j)^2 + (y-y_j)^2}}
\end{cases}
\tag{6-17}
$$

设置迭代次数 $k(k \geqslant 0)$，在第一次迭代中，设置公式（6-15）计算出的数值为公式（6-17）中的 x 和 y，则可计算出第一次迭代的 x_1^k 和 y_1^k，以及根据公式（6-16）计算出 I_1^k。在以后的迭代中，分别以上次计算出的 x 和 y 值进行迭代。通过 k 次迭代后，可得出最佳的 x 和 y，即为最终精确的钢铁物流园位置坐标（x^*，y^*）。

需要注意的是：在迭代过程中，当 $I(h+1) < I(h)$（$0 < h \leqslant k-1$）时，继续迭代；否则，即为精确位置坐标。

6.2.3 多源钢铁物流园空间属性模型

6.2.3.1 建模目标与思路

建模目标：根据单源钢铁物流园的建模方法，以总运输成本最低为目标，构建模型，找出总运输成本最低的钢铁物流园的位置坐标。

建模思路：按单源钢铁物流园的建模方法，依次找出每个钢厂总运输成本最低的位置坐标（x_j，y_j）和对应的运输成本 F_j；以 F_j 为权重，运用重心法的思路并对其进行拓展，找出 j 个位置坐标的重心点（x，y）；以（x，y）为基础，运用迭代法，找出最终的精确钢铁物流园位置坐标（x^*，y^*）和对应的运输成本 F^*。

6.2.3.2 建模方法及求解

多源钢铁物流园的空间布局建模，第一步与单源钢铁物流园建模方法一致，即把单源钢铁物流园的步骤执行 j 次，找出 j 个钢厂分别的最小运输成本对应的位置坐标和相应的成本；第二步和第三步，同于单源钢铁物流园的建模方法的第二步和第三步，分别以第一步计算出的结果为输入，最终求解出 j 个钢厂应建立的钢铁物流园的位置坐标 $(x^*,\ y^*)$。

具体流程如图 6.3 所示：

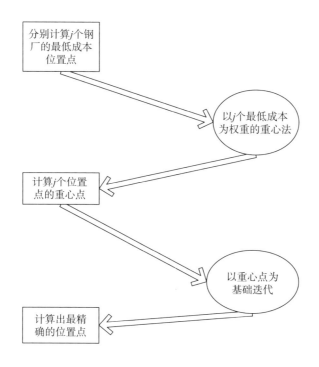

图6.3　多源钢铁物流园空间布局建模流程

多源钢铁物流园的空间布局模型与单源钢铁物流园的空间布局模型基本一致，区别在于：

（1）后者将一个钢厂到 j 个中心市场得出的 j 个钢铁物流园位置坐标作为输入项，以该 j 条线路的最小运输成本 F_j 为权重，进行迭代，找出最佳位置坐标 $(x^*,\ y^*)$；

（2）前者将 a 个钢厂分别到 j 个中心市场所找出的 a 个最佳位置坐标作为输入项，以该 a 个钢厂的最小运输成本 F_a 为权重，进行迭代找出最佳位置坐标 $(x^*,\ y^*)$。

6.3 模型参数设定及算法设计

本节对产业属性模型、单源钢铁物流园空间属性模型和多源钢铁物流园空间属性模型的参数设计进行规范，并提出每个模型的具体算法。鉴于后期三个模型的具体应用，即动态布局模型的设计与实现均基于 Excel，故本节参数设定也在 Excel 中展开。

6.3.1 产业属性模型

6.3.1.1 常量设定

需要设定的常量为：

（1）单车运量 z[①]。

（2）车道宽度 k[②]。

（3）每车间隔 s[③]。

6.3.1.2 表头数据设定

运用 Excel 计算时，除常量外，还需要在表头事先设定的数据有：

（1）加工规模 J：虽然加工区规模和仓储数量成正比关系，但究

[①] 单车运量 z：每车的钢铁运输重量为 38 吨。根据 2016 年 9 月 21 日正式开始实施的 GB 1589—2016《汽车、挂车及汽车列车外廓尺寸、轴荷及质量限值》强制标准要求，规定 6 轴车最大载重量为 49 吨。钢铁运输车辆基本为 6 轴车，自重为 10～19 吨不等。标准实施后，车辆制造厂降低了车辆自重至 10 吨左右，加上其他安全运输设施后，实际可运输钢材 38 吨。

[②] 车道宽度 k：每条车道宽 3.5 米。钢铁物流园内的道路交通情况根据国标计算，适合按各种车辆折合成中型载重汽车 2000 辆以下的年平均昼夜交通量即三级路的标准；三级路的标准是每条机动车道宽度为 3.5～3.75 米。故按照最小场地原则，取值 3.5 米，完全符合钢铁运输车辆货厢为整体封闭式的厢式货车（且货厢与驾驶室分离）、整体封闭式半挂车及整体封闭式厢式汽车列车车宽不得大于 2.55 米的要求。

[③] 每车间隔 s：每车间隔 50 米。根据《中华人民共和国道路交通安全法》规定，车速低于每小时 100 千米时，最小安全车距不得少于 50 米。虽然钢铁物流园内的道路不属于社会道路，但依然存在安全需求，故安全车距以 50 米测算。

竟如何，没有一定的规律。因此，如果在设计钢铁物流园时，需要附带加工功能，则必须事先规划并输入相应的数值或依赖公式。

（2）服务规模 F：同上，如果在设计钢铁物流园时，需要单独附加交易大厅、生活配套、商务配套等空间，则需要实现规划并输入相应的数据或依赖公式。需要注意的是，此时的服务规模取值为投影面积而非实际建筑面积。

6.3.1.3　表体数据输入

在运算之前，需要输入的数据为：

（1）品种。

（2）月产量（吨）。

（3）月周转率。

（4）码放结构。

（5）吨钢占地（平方米/吨）。

（6）产业属性（平方米）。

注：表体数据按以上项目进行输入，每一行的产业属性，由 Excel 按公式设定自动计算得出。

6.3.2　单源钢铁物流园空间属性模型

6.3.2.1　常量设定

需要设定的常量为：

（1）单车运量 z，同上。

（2）月单车固定成本 G[①]。

（3）短途专项运输的车速 s[②]。

6.3.2.2　表头数据输入

运用 Excel 计算时，除常量外，还需要在表头事先设定的数据有：

---

① 月单车固定成本 G：2 万元。根据京津冀地区运输车队的平均水平，车辆 2 年回本，加上保险等其他固定投入，月单车固定成本设定为 2 万元。

② 短途专项运输的车速 s：60 千米/小时。目前，京津冀地区的钢厂，一般均在城乡部分，行人车辆较多，为安全起见，交管部门规定大货车最高限速为 60 千米/小时。

钢厂的位置坐标（x_0，y_0）。

6.3.2.3 表体数据输入

表体数据按以下项目进行输入：

（1）中心市场 j 坐标。

（2）品种 $1-i$。

（3）数量 $1-i$。

（4）吨钢公里运价 $1-i$。

（5）总运输成本 F。

（6）空间属性。

其中，每一行的总运输成本 F 和钢铁物流园坐标，以及最终的钢铁物流园位置坐标，均通过执行 Excel 的 VBA 程序自动计算得出。

6.3.2.4 算法设计

VBA 程序的算法如下：

（1）$j=1 \ to \ m$（m 为中心市场数量）。

（2）$z=0$。

（3）$d=d+z$。

（4）$i=1 \ to \ n$（n 为钢铁品种数量）。

（5）根据式（6-13）计算 F_j，循环判断执行，记录最小的 F_j 对应的 d_j。

（6）$i=i+1$。

（7）如果 z 小于该条线路总长，$z=z+0.1$，跳到第 3 步；否则跳到第 8 步。

（8）根据最小的 F_j 对应的 d_j 按式（6-14）计算出每行坐标 (x_j, y_j)。

（9）$j=j+1$。

（10）根据式（6-15）求解大致坐标 (x, y)。

（11）设置迭代次数 k。

（12）将 (x, y) 代入式（6-16）进行迭代，如果 $I(h+1)<I$

$(h)(0 < h \leq k - 1)$，继续迭代；否则，退出迭代，记录最终的位置坐标 (x^*, y^*) 及最小总运输成本。

6.3.3　多源钢铁物流园空间属性模型

6.3.3.1　数据输入

运用 Excel 计算时，表头输入数据无；表体数据输入增加了个钢厂的坐标。钢厂总运输成本和钢厂对应钢铁物流园的位置坐标，按单源钢铁物流园的空间属性模型计算得出。

数据输入项目如下：

（1）钢厂坐标。

（2）中心市场名称或编号。

（3）中心市场坐标。

（4）品种 $1 - i$。

（5）数量 $1 - i$。

（6）吨钢公里运价 $1 - i$。

（7）线路运输成本 F。

（8）线路对应钢铁物流园坐标。

（9）钢厂总运输成本。

（10）钢铁物流园空间属性。

其中，每一行的钢厂总运输成本和钢厂对应钢铁物流园坐标，以及最终的钢铁物流园位置坐标，均通过执行 Excel 的 VBA 程序自动计算得出。

6.3.3.2　算法设计

VBA 程序的算法如下：

（1）$s = 1$ to a（a 为钢厂数量）。

（2）$j = 1$ to m（m 为中心市场数量）。

（3）$z = 0$。

（4）$d = d + z$。

（5）$i = 1\ to\ n$（n 为钢铁品种数量）。

（6）根据式（6 – 13）计算 F_j，循环判断执行，记录最小的 F_j 对应的 d_j。

（7）$i = i + 1$。

（8）如果 z 小于该条线路总长，$z = z + 0.1$，跳到第 4 步；否则跳到第 9 步。

（9）根据最小的 F_j 对应的 d_j 按式（6 – 14）计算出每行坐标 (x_j, y_j)。

（10）$j = j + 1$。

（11）根据式（6 – 15）求解大致坐标 (x, y)。

（12）设置迭代次数 k。

（13）将 (x, y) 代入式（6 – 16）进行迭代，如果 $I(h + 1) < I(h)(0 < h \leqslant k - 1)$，继续迭代；否则，退出迭代，记录当此循环的最终位置坐标 (x_s, y_s) 和 I_s。

（14）$s = s + 1$。

（15）如果 $a > 1$，以 a 个位置坐标及对应的 (xs, ys) 和 Is 为基础，以 Is 代替 Fs，根据式（6 – 15）求解大致坐标 (x, y)；否则退出。

（16）设置迭代次数 k^*。

（17）将 (x, y) 代入式（6 – 16）进行迭代，如果 $I(h + 1) < I(h)(0 < h \leqslant k - 1)$，继续迭代；否则，退出迭代，记录最终的位置坐标 (x^*, y^*) 及相应的总运输成本。

6.4　动态布局模型的设计实现

6.4.1　设计思路

以京津冀三地的 Excel 矢量地图为背景，以多源钢铁物流园（单源钢铁物流园可视为源头钢厂数量为 1 的多源钢铁物流园）的产业属性模型和空间属性模型为计算基础，动态展示钢铁物流园规模和位置探寻过程和结果。

该动态布局模型实现的过程如图 6.4 所示。

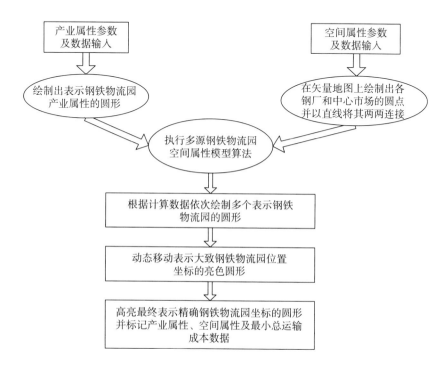

图 6.4　京津冀钢铁物流园空间布局动态模型设计流程

京津冀地区的矢量地图需要事先绘制出，并将相应的坐标数据加载到 Excel 文档中，且此文档包含京津冀钢铁物流园产业属性数据输入模板和空间属性输入模板，并在后台加载了计算多源钢铁物流园空间属性的 VBA 程序 1。在此基础上，设计另外的 VBA 程序 2，程序 1 可以嵌套在程序 2 中，程序 2 的设计如图 6.4 所示。

6.4.2　应用时机

随着《纲要》的实施，相关部门在决策关于钢铁方面的产量、结构，以及配套的钢铁物流园布局时，可用京津冀钢铁物流园空间布局动态模型进行动态分析和展示。该模型主要应用于以下方面：

（1）对京津冀钢铁物流园的最佳空间布局方案进行规划时。

（2）对京津冀局地的钢铁物流园空间布局进行设计规划时。

（3）建立大型的钢铁物流园作为钢铁供应链的枢纽，间接对京津冀钢铁行业进行调整时。

（4）取缔或合并当前小的钢铁物流园，进行决策时。

（5）验证当前的钢铁物流园可否适应钢厂结构调整，保证产销衔接时。

（6）反推在当前的钢铁物流园现状下，钢厂产业属性调整时。

（7）重新对京津冀钢铁物流园进行规划，明确现状和理想状态的差距，制定发展方向时。

（8）其他行业需要的情况。

6.5 本章小结

本章基于新经济地理学规模收益递增和 C－P 扩展模型的思想，以最大钢铁输入下的最小钢铁物流园规模和最小运输总成本为目标，运用京津冀钢铁物流园空间布局的市场约束因素（钢铁产量、钢铁结构、运输成本），构建了京津冀钢铁物流园的三大空间模型：

（1）以市场约束因素为基础，提出了影响钢铁物流园产业布局的共性因素判定指标——基本产业系数、必要产业系数、增强产业系数和服务产业系数，以及个性指标——码放结构、周转率和空间传导。以上述指标为参数，构建了京津冀钢铁物流园产业布局模型。

（2）以新经济地理学的 C－P 拓展模型思想为指导，以总运输成本最小化为目标，运用市场约束因素，循序渐进，构建了运输成本函数。以此为基础，构建了单源钢铁物流园的空间属性模型，并通过微分迭代的方式，给出了求出最佳钢铁物流园坐标的方法。

（3）以单源钢铁物流园的空间属性模型为基础，构建了多源钢铁物流园的空间属性模型及求解方法。

最后，以京津冀钢铁物流园的三大空间模型——产业属性模型、单源钢铁物流园空间属性模型和多源钢铁物流园空间属性模型为基础，设计出具有实用意义的动态布局模型，为下一章提出最佳空间布局方案打下模型基础。

第7章 最佳空间布局方案及政策建议

在京津冀钢铁物流园空间布局机理的指引下，上一章在对空间属性模型构建的基础上，提出了基于实用的动态布局模型。本章将运用动态布局模型，设计出京津冀钢铁物流园的最佳空间布局方案，并以此方案为基础，构建出相配套的政策体系。最后对政策体系的实施效果进行评价。

7.1 方案设计

7.1.1 设计目标

根据京津冀钢铁物流园空间布局机理的思想，要实现三大先行领域在钢铁行业的实施落实，应该从行政方面入手，首先重新规划京津冀钢铁物流园的空间布局。其次通过行政的方式，促进现有的钢铁物流园向规划的区域集聚，形成区域内大型的钢铁物流园集群。最后通过市场手段和政策指引，促进该钢铁物流园集群的整合，并逐步升级，最终在区域内，形成一个大型的、复合型的钢铁物流枢纽。政府通过该钢铁物流枢纽的中心调度职能，就可以实现对有钢材流入其中的钢厂的动态调控，从而实现三大先行领域在钢铁行业的实施落实。

基于以上机理，首先需要落实的是对京津冀钢铁物流园的整体空间布局规划，即京津冀钢铁物流园最佳空间布局方案。该方案回答的问题是：京津冀地区到底需要多少个钢铁物流园？每个钢铁物流园应该有多大？

因此，该方案的设计目标是：在整个京津冀地区，规划出未来钢铁物流园的最佳空间分布图。

7.1.2 设计思路

为了使设计简便，本方案继续沿用市场约束因素传导的假设：钢厂的所有产品必须经过短途专项运输，进入钢铁物流园，继而再统一配送至中心市场。

设计思路为：假设在京津冀地区有 n 个钢厂，每个钢厂有各自对应的中心市场；那么设计一个关系矩阵，在划分不同的钢厂组合后，运行动态布局模型，并记录所有组合对应的总运输成本之和，其和值最小的组合各自对应的产业属性数据和空间属性数据，即为钢铁物流园空间分布的最佳数据；将其标记到京津冀地图上，即可得出带有面积数据的钢铁物流园最佳分布图。

为了便于理解以上设计思路，举例如下：

假设在区域内有 3 个钢厂，标记为钢厂 A、钢厂 B 和钢厂 C，每个钢厂有不同的钢铁产量、钢铁结构和运输成本数据。那么按照设计思路，运行动态布局模型，得出的结果如表 7.1 所示。

表 7.1 案例结果统计

编号	钢厂组合	总运输成本之和	钢铁物流园数	对应钢铁物流园产业属性和空间属性
1	[钢厂 A]、[钢厂 B]、[钢厂 C]	F1	3	[GA1；（XA1，YA1）]、[GB1；（XB1，YB1）]、[GC1；（XC1，YC1）]
2	[钢厂 A]、[钢厂 B，钢厂 C]	F2	2	[GA2；（XA2，YA2）]、[GBC2；（XBC2，YBC2）]

编号	钢厂组合	总运输成本之和	钢铁物流园数	对应钢铁物流园 产业属性和空间属性
3	［钢厂 A，钢厂 B］、［钢厂 C］	F3	2	［GAB3；（XAB3，YAB3）］、［GC3；（XC3，YC3）］
4	［钢厂 A，钢厂 C］、［钢厂 B］	F4	2	［GAC4；（XAC4，YAC4）］、［GB4；（XB4，YB4）］
5	［钢厂 A，钢厂 B，钢厂 C］	F5	1	［GABC51；（XABC5，YABC5）］

以唐山市为例，从上例中得出的唐山市钢铁物流园最佳空间布局图如图 7.1 所示。

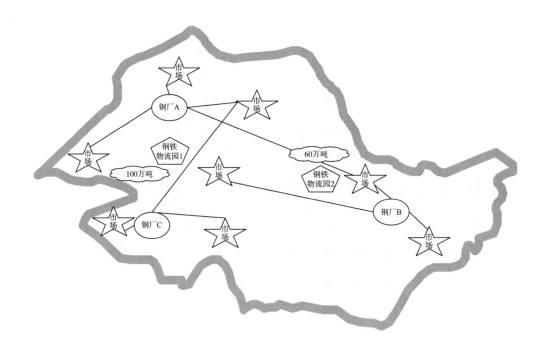

图 7.1 唐山市钢铁物流园空间分布

在表 7.1 中，假设总运输成本之和中 F4 最小，那么就可以得出结论：最适合钢厂 A、B、C 的钢铁物流园有 2 个，其中第一个的规模大小为 GAC4，位置坐标为（XAC4，YAC4）；第二个的规模大小为 GB4，位置坐标为（XB4，YB4）。原先为钢厂 A、钢厂 C 服务的钢铁物流园，可以向第一个钢铁物流园集聚；原先为钢厂 B 服务的钢铁物流园，可以向第二个钢铁物流园集聚。

以上设计思路相对明晰，但要实现需要做很多准备，具体为：

（1）数据准备：即钢厂坐标数据、分钢厂的产量和结构数据、分中心市场分品种的吨钢运输成本等，涉及的数据量非常庞大（简单起见，钢厂的产量和结构数据可以用行政规划的数据代替）。

（2）程序准备：以上设计思路虽然简单，但要实现难度也较大。首先要构建地图数据，其次要多次使用迭代，运算量相当巨大。

基于以上考虑，本书对于具体实现的算法不再展开。

7.1.3　实用意义

最佳空间布局方案具有较强的实用意义，具体表现在：

（1）钢铁物流园全局行政规划的依据。通过运行京津冀全局数据，可以得出京津冀地区的钢铁物流园最佳布局方案，该方案与现有钢铁物流园的产业属性、空间属性对比，可以很直观地发现问题，并据此提出改进的方向和依据。运行不同区域的数据，可以得出当地的钢铁物流园最佳空间布局方案。

（2）钢铁物流园区域行政规划的支撑。该方案不仅适用于京津冀地区，也可以适用于其他地区钢铁物流园的空间布局，前提是地方政府对于钢铁产量、钢铁结构和吨钢运输成本的数据完整准确。对于其他依赖产量和吨钢运输成本构成最小总运输成本函数的生产性服务业空间布局，也同样适用。

（3）对于构建运输枢纽有指导作用。政府部门在规划行业的运输枢纽时，可以划定一定的范围；至于在什么位置部署多大的运输枢纽，可以以最小总运输成本为依据，通过最佳空间布局方案来获得相关直观的规划数据。

需要说明的是：有时候规划的位置坐标是无法实现的，因为计算出来的位置有时可能在江河湖泊中，或是街道中间，或是人烟稀少的地区。这就需要调整区域的取值范围，或者在计算位置的附近考虑最终的位置坐标。

7.2 政策体系

根据京津冀钢铁物流园空间布局机理的规划，结合京津冀最佳空间布局方案，就可以对京津冀现有钢铁物流园进行整合，促使其空间上的集聚。但为了使集聚顺畅，行政意愿得以实现，需要有相应的配套政策体系支撑。具体为：

7.2.1 职能部门

钢厂是制造空气污染的主要部门，但钢厂又是各地政府大力支持的主要部门。一方面，从国家层面上出台各种限产、停产政策，以降低钢铁生产所带来的大气污染；另一方面，各地政府为保 GDP，对钢企违反限产、停产政策采取默许的态度。

2016 年，为了完成治霾的目标，京津冀各地都对钢厂下达了采暖季限产、停产措施和重污染天气应急限产、停产措施，部分地区的限产、停产比例甚至高达 50%。但在如此频繁的重污染天气应急情况下，河北粗钢产量不降反升。以 2016 年 11 月为例，河北的粗钢产量同比增加了 5.32%；在钢材价格飞涨的 2016 年下半年，政府的限产令并未起到应有的作用，这与当地政府默许的态度有关[141]。

因此，为保证三大先行领域在京津冀钢铁行业实施落实，仅靠各地政府是不行的。应该从国家层面成立专门的职能部门，对钢铁物流园的规范发展进行专业的、长期的、有效的管理。

这个职能部门，应该由国家部委牵头，吸收京津冀三地的政府部门人员、各钢厂的代表、各钢铁物流园的负责人，以及钢铁行业的专家，齐抓共管，有的放矢；并享有对钢厂、钢铁物流园的监管权力；对钢厂限产、停产，对钢铁物流园关停的处罚权力。

7.2.2　战略规划

既然需要通过构建大型、复合型的钢铁物流枢纽，以实现现有钢铁物流园空间上的集聚，那么未来的钢铁物流枢纽应该如何定位，就需要政府从战略高度进行规划。一方面要建立实体钢铁物流园的标准，另一方面要打造虚拟钢铁物流园的构建体系。

7.2.2.1　实体钢铁物流园

作为钢铁品供应链的枢纽，钢铁物流园并非是作为一个独立的个体存在，其向上可以延伸到钢铁生产环节、向下可以延伸到仓储货运、加工配送、贸易金融环节。

因此，复合型的钢铁物流园构建是一个系统化的工程，涉及多个平台的有机组合，需要提供给钢铁供应链其他环节标准化的服务，包含仓储、运输、贸易、加工、金融、电子商务、期货交易、商务配套、生活配套等服务。

以上服务，是复合型钢铁物流园应该提供的标准服务。除最基本的仓储和运输服务外，其他服务因时、因地各有侧重，但总体来说，随着钢铁行业的发展和钢铁物流园枢纽功能的扩充，以上服务必将成为钢铁物流园的标准配置。

构建复合型钢铁物流园，最核心的是专业人才的引进。需要指出的是，复合型的钢铁物流园，需要复合型的人才，这样的人才需要懂业务、懂管理、懂计算机技术。这样才能从各个方面统筹规划，构建出适合当地的、具备长久生命力的钢铁物流园。

7.2.2.2　虚拟钢铁物流园

把实体钢铁物流园的各项服务在互联网上实现，就可以构建一个虚拟的钢铁物流园。与实体钢铁物流园不同的是，通过互联网，各个钢铁物流园的数据可以实时共享。如果把京津冀最终构建的实体钢铁物流园称为各分散钢铁物流园在现实空间上的集聚，则京津冀虚拟钢铁物流园可以称为各分散钢铁物流园在虚拟空间上的集聚。

近几年，一些大型的钢厂或经销商建立了电子商务平台或数码仓库，但无一例外没有成功。究其原因，就是没有建立一个标准化的数据平台。在这个标准化的综合服务平台上，需要以"钢材库存"为纽带，通过跨区域的合作，形成网络化运营，从而最大限度地发挥钢铁物流园的服务功能。

以库存为基础的钢铁物流园服务体系如图 7.2 所示。

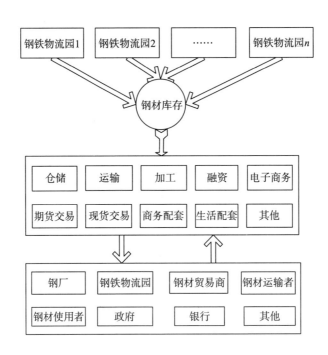

图 7.2　基于库存为基础的钢铁物流园服务体系

通过图 7.2 可以看出，第一，通过钢铁物流园信息化开发，实现园区信息化共享，可发挥整体优势和互补优势，实现园区内部物流业务的集约化、规模化和专业化，从而提升园区的物流效率。第二，钢铁物流园间通过平台建立的常态性沟通机制，可以实现物流基础设施资源和物流信息资源的开放及共享，使钢铁物流园平台能够融入到组织化、社会化的物流网络化服务体系之中。第三，通过跨产业信息联动能将园区资源、物流企业服务质量、物流企业过程管理延伸到制造业、贸易业、金融机构等，实现行业监管，信息共享，业务联动。

　　为保障钢铁物流园之间的有效协同运作，信息行业管理部门应拟定相关数据规范和通信协议标准；各钢铁物流园也要积极加强系统平台之间的接口开发与建设；钢铁物流园要根据自身业务模式和特点开发适合的信息系统，利用云计算、大数据、物联网等技术加快园区传统作业和服务模式的创新和改变，使钢铁物流园实体平台与"互联网 + 物流"的网络化平台相结合，从而实现钢铁物流园在网络世界更大范围的集聚与融合。

　　虚拟钢铁物流园的构建，需要遵循以下原则：

　　（1）一个标准的业务办理平台，包含最基本的实体服务功能，如仓储服务平台、运输配送平台、加工贸易平台等。电子商务和期货交易，属于网络交易的范畴，虚拟钢铁物流园可以将其容纳，也可以让其独立，但最好不要自建；因为自建会面临资质、投资、宣传等诸多方面的制约，往往得不偿失。

　　（2）所有的钢铁物流园，以及园区内的办公人员，都通过这个平台处理业务，相互交流，共享业务资源和信息。

　　综上所述，钢铁物流园不仅仅是钢铁实体流通的枢纽，更要成为钢铁信息交互的门户。

7.2.3　政策建议

　　基于以上的战略规划，要使规划更好地实施并且能满足最终的京津冀钢铁物流园空间布局的规划机理，需要从政府层面，以政策的形式，做到以下方面：

（1）以京津冀职能部门规划、当地政府主导、优质企业管理的形式投建实体钢铁物流园。京津冀职能部门在钢铁物流园最佳空间布局方案的基础上，明确各地投建钢铁物流园的规模和位置区域；然后当地政府主导，落实职能部门的规划；在投建初期以及其后的长期管理过程中，必须引入优质企业进行经营，方能最终实现规划的结果，产生钢铁环节各利益环节的空间集聚现象，并对钢厂的产量和结构起到约束作用。

（2）以当地政府为主导，以行政手段促使社会钢铁物流园进入政府统一投建的钢铁物流园办公。在复合型钢铁物流园建成初期，社会上分散的钢铁物流园处于观望态势，不会主动进入其中办公。为此，需要出台相应的扶持和强制政策，将原先杂乱无序的钢铁物流园从空间上进行整合，并促使其集聚。

（3）以当地政府为主导，将钢厂办事处、贸易商、加工商、承运商、银行、生活服务公司等所有钢铁供应链的关键节点企业，吸纳到钢铁物流园中，以为整条供应链提供仓储、运输、加工、融资、贸易、期货交易、现货交易、商务办公、生活配套等标准化服务，从而大幅降低中间成本、提升园区内企业的竞争力、增加交易机会。

（4）以京津冀职能部门为主导，统一各钢厂的钢材标识规范，建立钢材身份证体系。统一的货物标识，是发展电子商务、打造虚拟钢铁物流园的基础；虽然近10多年来，有些钢厂联盟致力于落实此事，但结果不理想。因此，需要从行政层面促进统一钢材标识标准的建立。

（5）以京津冀职能部门为主导打造统一的钢铁物流园一体化智慧管理平台，各钢铁物流园统一使用，由政府提供使用支持并享有数据监管权限；并与钢厂的生产系统对接。如此，钢铁物流园就可发挥蓄水池的作用，通过实时监控、动态协调，从政府层面，通过发挥钢铁物流园的枢纽作用对钢厂的产量和结构起到约束作用。

（6）以当地政府为主导构建专业的钢材配送系统，钢厂的钢材必须由钢铁物流园统一配送给其指定的中心市场或最终用户。一方面，此做法可以充分发挥钢铁物流园的蓄水池作用；另一方面，大量钢铁的集聚有利于通过智能调度及配送降低运输成本，大幅度提升规模收益，进一步提升相关服务环节的集聚水平。

7.3　政策建议评价

以上政策的制定，完全符合《纲要》以政策引导促进市场作用发挥的精神。通过建立相应的倒逼机制和激励机制，完全可以通过发挥钢铁物流园的集聚效应，对三大先行领域进行促进。具体表现在：

7.3.1　交通方面

首先，钢铁物流园空间集聚可以降低运输成本。钢厂的所有钢材通过钢铁物流园统一配送，这大幅提升了规模收益。因为钢材的聚集，通过将各个园区、钢厂、中心市场联系到一起的物流园服务平台，可以大幅提升钢材配送的效率。举例说：某 2 个热卷，每个 23 吨，需要运送到京唐港，通常情况下，由于车货总重的限制，且热卷不可分割，因此需要两个车亏载运输；这时候如果知道有一批线材也需运达京唐港，这时候就可以配载每个 2 吨左右的线材若干；就可以最大限度地使用车辆；同时，如果知道还有货物需从京唐港送到唐山，那就可以实现钟摆式运输，使效益最大化。这些效益，来自于钢材在实体和虚拟钢铁物流园上的集聚。因此，钢铁物流园的空间集聚可以降低运输成本。

其次，钢铁物流园空间集聚有利于最大限度地使用交通资源。作为京津冀交通路网的一个节点，钢铁物流园可以发挥交通枢纽的作用，以缓解分散钢铁物流园由于监管不力、地域分散而带来的道路毁损、安全隐患、道路拥堵等问题。同时，钢铁物流园空间集聚可以使其物流企业充分利用基础设施等公共产品的规模经济优势，实现在相同供给水平下公共基础设施和服务平均使用成本的降低。钢铁物流园区中由于多种物流设施和物流企业集聚，且物流园区一般都设置在交通条件比较便宜城市外围（一般是多式联运的结合点），各物流企业可以共享一些物流基础设施，同时可以充分有效地利用各种交通运输方式的技术特性，可以产生集聚经济效应，从而大大降低物流企业的运作成本和运输成本。

因此，钢铁物流园的空间集聚，可以促进京津冀交通一体化建设，有效缓解大型货车对于道路交通的压力；同时，可以因运输成本的降低促进当地经济的发展。这就是钢铁物流园空间集聚对于交通领域的促进作用。

7.3.2 环保方面

一方面，钢铁物流园空间集聚可以倒逼钢厂减产。钢厂将所有汽运的钢材交由钢铁物流园统一配送，则可以为钢铁物流园带来运输手段的集合、作业方式的集约、运行系统的协调、服务手段的配套优势，从而形成钢铁供应链上的"增长极"，使复合型钢铁物流园话语权大增。通过与钢厂对接的物流园服务平台，就可以动态掌握钢铁物流园的库容信息。政府人员通过对钢铁物流园的监管，可以建立倒逼机制和激励机制；对于环保执行不力的钢厂，可以通过发挥钢铁物流园的蓄水池作用，调节其钢材输出，倒逼其降低产量；对于环保执行良好的钢厂，通过相应的激励，促使其正常生产；这样方可使钢厂对于环保工作真正地重视起来。

另一方面，钢铁物流园空间集聚可以减少汽运的污染。即使钢厂自身污染物的排放做到最小，但由于钢铁是大进大出的资源密集型产业，京津冀的钢铁运输又以汽运为主，其产生的扬尘和尾气都会对环境造成污染。按唐山市粗钢产量 1.2 亿吨计算，其所需要的外部运输量为 6 亿吨；每年会产生道路扬尘 37.4 万吨，产生排放颗粒物 4000

吨、氮氧化物 3.2 万吨[141]。钢铁物流园的集聚，既可以通过信息交互提高物流效率，减少不必要的运输，又可以为交通、环保部门的监管提供便利条件，使原先对于松散型钢铁物流园的监管变成集中式监管，大幅提升了管理的水平，降低了管理的难度和成本。

7.3.3　产业升级转移方面

一方面，钢铁物流园空间集聚可以促进钢铁结构提升。钢铁物流园空间集聚既可以提升相关环节人员的学习和创新机会，从而为钢铁结构的提升带来经济和技术上的可能，又通过钢铁物流园空间的集聚，可以降低运输成本，提升规模效益，是钢铁供应链上的企业尤其是钢厂，可以有专门的资金用于技术的投入；而技术升级是可以促进产业升级、提升钢铁结构的。

另一方面，虚拟钢铁物流园可以促进产业升级。在供应链的网络中，由于物流园服务平台的存在，就可以通过发挥其空间集聚的媒介作用，促使钢厂生产出满足市场需求的产品，市场需求才能得以表达；这种基于互联网的双向交流机制，形成了以网络技术为载体的协同分工的新模式，并将创新元素注入到供应链升级中，从而实现了产销环节的无缝衔接，促进了钢铁供应链中产业升级转移目标的实现。

7.4　本章小结

本章基于动态布局模型，对京津冀钢铁物流园最佳的空间布局方案进行了设计。在此基础上，基于京津冀钢铁物流园空间布局机理，构建出相配套的政策体系，最后对政策体系的实施效果进行评价。

事实上，本章是本书研究的目标。为了促进三大先行领域在钢铁行业实施落实，本书设计了以行政意愿在钢铁物流园上的"硬着陆"

方式促使其空间集聚，再通过加强其功能的方式提升其市场手段的力度，从而实现钢铁物流园与钢厂的互动，达到三大先行领域在钢铁行业的"软着陆"。

京津冀钢铁物流园空间上的重新规划整合，任重而道远，需要顶层设计、地方支持、供应链配合，方能实现空间上的集聚、品质上的提高、话语权的提升，最终实现对钢厂进行约束、三大先行领域得以最大化实施落实的目的。

第8章 结论与展望

8.1 主要结论

本书是以在《京津冀协同发展纲要》实施中，如何通过发挥钢铁物流园在供应链的枢纽作用，从而实现治理机制的改进为目标展开研究的。

围绕研究目标，本书提出了需要解决的三大问题：

（1）京津冀钢铁物流园空间布局方案在协同发展的背景下如何规划？

（2）在三大先行领域约束下此规划方案应该如何设计并实现？

（3）此规划方案如何通过行政手段落实以促进三大先行领域在京津冀钢铁行业实施落实？

本书的主要内容，分别对应以上三大问题的解答，即京津冀钢铁物流园空间布局的机理、空间布局模型的设计与实现、最佳空间布局方案与政策体系。

为此，全书的内容及主要结论如下：

（1）在京津冀协同新形势下，行政意愿占据主导地位，不可用传统空间布局因素对钢铁物流园的空间布局进行约束。在此情况下，定义三大先行领域（交通、环保和产业升级转移）为京津冀钢铁物流园空间布局的行政约束因素，并进行了文献综述。结论：行政约束因素并不能对京津冀钢铁物流园的空间布局形成有效的约束。

（2）引入行政约束因素各自的替代约束因素（运输成本、钢铁产量和钢铁结构）作为市场约束因素，对京津冀钢铁物流园的空间布局进行约束。为了保证逻辑上的严谨，用实证的方式进行了检验。结论：行政约束因素可以推导出市场约束因素；市场约束因素对于京津冀钢铁物流园空间布局的约束是充分的，可以推导出钢铁物流园的空间布局模型。

（3）在将钢铁物流园的空间布局属性分为产业属性和空间属性的基础上，分析对应新经济地理学三大核心理念（消费者多样性偏好、规模收益递增和冰山运输成本）的钢铁物流园规划，以此为基础提出了京津冀钢铁物流园的空间布局机理。结论：京津冀钢铁物流园空间布局的机理就是在最佳空间布局方案的基础上，用行政"硬着陆"的方式促使钢铁物流园空间集聚，形成大型、复合型的钢铁物流枢纽；然后通过钢铁物流枢纽空间集聚与钢厂空间集聚的互动关系，通过市场"软着陆"的方式，促进行政意愿在钢厂的实施落实。

（4）以市场约束因素为基础，结合新经济地理学 C－P 拓展模型的理论，构建了京津冀钢铁物流园的三大空间模型——产业属性模型、单源钢铁物流园空间属性模型和多源钢铁物流园空间属性模型。并以此三个模型及其算法为基础，设计出具有实用意义的动态布局模型。结论：动态布局模型是京津冀钢铁物流园最佳空间布局规划方案的基础。

（5）以动态布局模型为基础，设计出适合京津冀钢铁物流园的最佳空间布局方案。在此基础上，构建了行政意愿在京津冀钢铁物流园和钢厂"硬着陆"的初期政策保障体系和可促进市场手段"软着陆"的后期规划战略。随后，对"软着陆"可否促进三大先行领域在京津冀钢铁行业的落实进行了分析，从而形成了本书三大问题从提出到解答上的闭环。结论：行政命令的实施落实，必须遵循市场规律，才能事半功倍。

本书每一步研究，紧扣逻辑，注重实效。通过本书的研究可以得出结论：科学规划京津冀钢铁物流园的空间布局，加强其空间集聚的力度，促进其功能完善，配合相应的行政手段和市场手段，完全可以实现对钢铁供应链的有效整合，从而促进交通、环保和产业升级转移三大先行领域在钢厂地实施落实。

8.2 展望

新经济地理学的模型，主要是侧重于理论方面，注重思想的体现，而未提出具体的模型实现方法。因此，本书的模型建立，只能体现新经济地理学的思想，而未能运用其具体的模型，造成了一定的研究局限。

另外，京津冀钢铁物流园的研究，只是京津冀钢铁行业研究的一部分。但钢铁物流园是整个钢铁行业动态的一个缩影，通过钢铁物流园的发展和兴衰，就可以看出京津冀钢铁行业的状况；而对钢铁物流园的规划和规范，则可对钢铁行业的业务进行制约，从而规范钢铁行业，进而对三大先行领域起到自下而上的推进。但由于目前研究钢铁物流园的机构或人员太少，理论和实践严重脱节，致使钢铁物流园的研究严重滞后，从而弱化了钢铁物流园应有的功能，也造成了钢铁物流园研究数据的匮乏和失真，这就造成了数据挖掘方面的缺陷。

但庆幸的是，随着 2016 年下半年开始钢材市场的回暖，钢铁物流园的建设又开始稳步提升，政府对于钢铁物流园的规范发展，提升钢铁物流园在钢铁供应链中的枢纽地位，将钢铁物流园打造成钢铁流、资金流、信息流的实物平台和虚拟支撑的呼声越来越高，这将为钢铁物流园的进一步研究带来契机。

随着大数据的发展和信息手段的提升，以及专项资金的流入和政策的倾向，在京津冀钢铁物流园实体空间布局的基础上，以实体为依托，打造标准化的虚拟钢铁物流园，整合小型的钢铁物流园资源，并与钢厂数据进行对接交互，从而推动京津冀钢铁行业"更快、更强"的发展，是进一步的研究目标。

参考文献

［1］政治局会议审议通过《京津冀协同发展规划纲要》［EB/OL］.新华网，http：//news. xinhuanet. com/fortune/2015 –04/30/c_ 1115147507.htm，2015 –04 –30.

［2］杨开忠. 京津冀协同发展的探索历程与战略选择［J］.北京联合大学学报（人文社会科学版），2015（4）：27 –32，40.

［3］京津冀协同发展功能定位明确［EB/OL］.人民网，http：//cpc. people. com. cn/n/2015/0824/c83083 –27506950. html，2015 –08 –24.

［4］新华社消息：《京津冀协同发展领导小组办公室负责人就京津冀协同发展有关问题答记者问》［N］.人民日报，2015 –08 –24.

［5］阎东彬，任爱华，丁波. 京津冀现代服务业空间布局的非对称效应——基于SV –TVP –VAR模型［J］.商业经济研究，2017（3）：205 –207.

［6］袁丹，雷宏振. 我国生产性服务业集聚的空间溢出效应及其影响因素分析［J］.西安财经学院学报，2016（5）：35 –40.

［7］毕斗斗，方远平，Bryson John，谢蔓，唐瑶. 中国生产性服务业发展水平的时空差异及其影响因素——基于省域的空间计量分析［J］.经济地理，2015（8）：104 –113.

［8］李一，孙林岩，冯泰文. 地理视角下中国生产性服务业发展影响因素研究［J］.科技进步与对策，2014（2）：51 –57.

［9］陈殷，李金勇. 生产性服务业区位模式及影响机制研究［J］.上海经济研究，2004（7）：52 –57.

［10］ 刘曙华，沈玉芳．生产性服务业的区位驱动力与区域经济发展研究［J］．人文地理，2007（1）：112－116.

［11］ 陈建华，谢媛．服务业发展与国际化城市空间极化——以上海市为例［J］．上海经济研究，2007（10）：56－62.

［12］ 狄乾斌，王萌，张健．基于 GWR 模型的中国生产性服务业空间差异的影响因素分析［J］．软科学，2015（7）：21－24.

［13］ 邵晖．北京市生产者服务业聚集特征［J］．地理学报，2008（12）：1289－1298.

［14］ 赵群毅，谢从朴．都市区生产者服务业企业区位因子分析——以北京为例［J］．经济地理，2008（1）：38－43.

［15］ 陈秀山，邵晖．大都市生产者服务业区位选择及发展趋势——以北京市为案例的研究［J］．学习与实践，2007（10）：14－22.

［16］ 李婷．京津冀地区生产性服务业与制造业的空间分布及影响因素分析［J］．时代金融，2016（14）：45，47.

［17］ 王晓霞．京津冀生产性服务业空间布局分析及优化［J］．领导之友，2016（9）：62－67.

［18］ 贾宏海，袁丽娜，田春芳．北京现代服务业空间布局影响因素分析［J］．新材料产业，2008（11）：73－75.

［19］ Agulera A. Services relationship, market area and in intra metropolitan ［J］. Service Industries Journal, 2003, 23（1）：43－58.

［20］ Scotta I. Flexible production systems and regional development: The rise of new industrial spaces in North America and Western Europe ［J］. International Journal of Urban and Regional Research, 1998, 12（2）：171－186.

［21］ Hutton T A, Ley D. Location, linkages, and Labor: The downtown complex of corporate activities in a medium size city, Vanconver, British ［J］. Economic Geography, 1987, 63（2）：126－141.

［22］ Longcore T R, Rees P W. Information technology and downtown restructuring: The case of New York City's financial district[J]. Urban Geography, 1996, 17 (4): 354 – 372.

[23] Leslie D. Abandoning madison avenue: The relocation of advertising services in New York City [J]. Urban Geography, 1997, 18 (7): 568 – 590.

[24] Baro E, Soy A. Business services location strategies in the Barcelona metropolitan region [J]. The Service Industries Journal, 2013, 13 (2): 103 – 118.

[25] Clapp J M. The intra metropolitan location of office activities [J]. Journal of Regional Science, 1980, 20 (3): 387 – 399.

[26] Tauchen H, Witte A D. An equilibrium model of office location and contact patterns [J]. Invironment and Planning, 1983, 15 (10): 1311 – 1326.

[27] Huallachain B, Reid N. The location and growth of business and professional services in American metropolitan areas, 1976 – 1986 [J]. Annals of the Association of American Geographers, 1991, 81 (2): 254 – 270.

[28] Stein R. Producer services transaction activities and cities rethinking occupational categories in economic geography [J]. European Planning Studies, 2002, 10 (6): 723 – 743.

[29] Botteux – Orain G, Guliain R. Changes in the intra metropoltion location of producer services in lied – France (1978 – 1997): Do information technologies promote a more dispersed spatial pattern [J]. Urban Geography, 2004, 25 (6): 550 – 578.

[30] Wheeler J O, Mitchelson R L. Information flows among major metropolitan areas in the United States [J]. Annals of Association of American Geographers, 1989, 79 (4): 523 – 543.

[31] Leinbach T R, Bowen J T. Air cargo services and the electronics industry in Southeast Asia [J]. Journal of Economic Geography, 2004, 4

（3）：299 – 321.

［32］ Sam Ock Park, Kee – Bom Nahm. Spatial structure and inter-firm networks of technical and information producer services in Seoul, Korea ［J］. Asia Pacific Viewpoint, 2012, 39（2）：209 – 219.

［33］ Morshidi S. Globalising Kuala Lumpur and the strategic role of the producer services sector ［J］. Urban Studies, 2000, 37（12）：2217 – 2240.

［34］ Coffey W J, Drolet R, Polese M. The intra metropolitan location of high order services：Patterns, factors and mobility in Montreal ［J］. Papers in Regional Science, 1996, 75（3）：293 – 323.

［35］ Taylor P J, et al. Financial service clustering and its significance for London ［M］. London：Corporation of London, 2003：30 – 45.

［36］ Keeble D, Nachum L. Why do business services firms cluster? Small consultancies, clustering and decentralization in London and Southern England ［J］. Transaction of the Institute of British Geographers, 2002, 27（1）：67 – 90.

［37］ O'Farrell P N, Wood P A. Internationalization by business service firms：Towards a new regionally based conceptual framework ［J］. Environment and Planning A, 1998, 30（1）：109 – 128.

［38］ Yu Z. Beyond ethnic enclaves：Location strategies of Chinese producer services firms in Los Angeles ［J］. Economic Geography, 1998, 74（3）：228 – 251.

［39］ Gaspar J, Glaesr E L. Information technology and the future of cities ［J］. Journal of Urban Economics, 1998, 43（1）：136 – 156.

［40］ 毛蒋兴, 闫小培. 国外城市交通系统与土地利用互动关系研究 ［J］. 城市规划, 2004（7）：64 – 69.

［41］ Daniel A Badoea, Eric J Miller. Transportation land use interaction empirical findings in North America, and their implications for modeling ［J］. Transportation Research, 2000（5）：235 – 263.

［42］Hongwei Liu，Yang Zhang，Qingyuan Zhu，Junfei Chu. Environmental efficiency of land transportation in China：A parallel slack – based measure for regional and temporal analysis ［J］. Journal of Cleaner Production，2016（1）：7 – 14.

［43］Zhang Runsen，Pu Lijie，Zhu Ming. An iterative approach to an integrated land use and transportation planning tool for small urban areas ［J］. Journal of Modern Transportation，2012（3）：160 – 167.

［44］Sumeeta Srinivasan. Linking land use and transportation in a rapidly urbanizing context：A study in Delhi，India ［J］. Transportation，2005，32（1）：87 – 104.

［45］姚影. 交通基础设施对城市聚集与扩展的影响机理研究 ［D］. 北京交通大学博士学位论文，2010.

［46］刘燕杰. 关于城市交通和城市用地关系的讨论 ［J］. 城市交通，2006（4）：32 – 33.

［47］杨林红. 遂宁市城市空间结构与城市交通的协调研究 ［D］. 西南交通大学博士学位论文，2010.

［48］J. M. 汤姆逊. 城市布局与交通规划 ［M］. 北京：中国建筑工业出版社，1982.

［49］赵杰，殷广涛等. 中国可持续发展研究报告（九）——中国公共交通引导城市发展策略研究 ［R］. 2009.

［50］Yoh Muneoki. Effects of land use and changes in cover on the transformation and transportation of iron：A case study of the Sanjiang Plain，Northeast China ［J］. Science China（Earth Sciences），2011（5）：686 – 693.

［51］韩彪，张兆民. 区域间运输成本、要素流动与中国区域经济增长 ［J］. 财贸经济，2015（8）：143 – 155.

［52］李煌伟，倪鹏飞. 外部性运输网络与城市群经济增长 ［J］. 中国社会科学，2013（3）：22 – 42.

［53］郑林昌，蔡征超，张雷．包含地理因素的区域经济增长模型及实证分析［J］.资源与产业，2012，14（5）：182－188.

［54］魏下海．基础设施、空间溢出与区域经济增长［J］.经济评论，2010（4）：82－89.

［55］Krugman P. Geography and Trade［M］. Cambridge：The MIT Press，1991.

［56］Walz U. Transport costs，intermediate goods，and localized economic growth［J］. Regional Science and Urban Economics，1996，26（2）：671－695.

［57］Martin P，Ottaviano G I P. Growing locations：Industry location in a model of endogenous growth［J］. European Economic Review，1999，43（2）：281－302.

［58］Baldwin R E，Forslid R. The Core－Periphery model and endogenous growth：Stabilizing and destabilizing integration［J］. Economica，2000，67（267）：307－324.

［59］Baldwin R E，Martin P and Ottaviano G I P. Global income divergence，trade，and industrialization：The geography of growth take－offs［J］. Journal of Economic Growth，2001，6（1）：5－37.

［60］Baldwin R E，Martin P. Agglomeration and regional growth［J］. Handbooks in Economics，2004，7（4）：2671－2713.

［61］赵云皓，孙宁，辛璐，陈旭，马春晖．环保产业发展不同阶段环境政策制度作用力研究［J］.中国人口·资源与环境，2014（S1）：34－37.

［62］许士春，龙如银．考虑环保产业发展下的环境政策工具优化选择［J］.运筹与管理，2012（5）：187－192.

［63］国家环保总局政策研究中心，曹凤中．钢铁产业发展如何与环保政策共进［N］.中国冶金报，2005－12－17（009）.

［64］董战峰，周全，吴琼．环保产业："十三五"国民经济新的

支柱产业［J］.中国战略新兴产业，2016（1）：50 - 52.

［65］赵华林.国家环保"十三五"规划编制思路［J］.环境保护，2014（22）：28 - 32.

［66］刘建一.工业布局中关于环境保护问题——以钢铁工业为例［J］.经济地理，1982（3）：187 - 193.

［67］于振汉.工业结构与布局对区域环境的影响［J］.地理科学，1986，6（4）：314 - 322.

［68］李剑玲，李京文.基于生态的京津冀生产性服务业发展探讨［J］.经济与管理，2016（2）：5 - 8，22.

［69］陆小成.低碳技术创新与生产性服务业集群研究［J］.对外经贸，2012（7）：69 - 72.

［70］刘媛媛.资源型产业集聚低碳发展困境研究［D］.新疆大学博士学位论文，2015.

［71］乜敏，赵洪海.产业集聚是否促进了低碳发展——来自中国制造业的证据［J］.经济与管理，2013（6）：70 - 75.

［72］王惠，苗壮，王树乔.空间溢出、产业集聚效应与工业绿色创新效率［J］.中国科技论坛，2015（12）：33 - 38.

［73］王报梅，杜丽娟.低碳经济下河北省生产性服务业发展对策［J］.河北联合大学学报（社会科学版），2015（1）：43 - 45.

［74］胡泽华.低碳经济视域下城市物流产业集群的集聚机理［J］.中国乡镇企业会计，2016（1）：9 - 10.

［75］高媛，刘红保.基于区域低碳创新系统视角的保定市生产性服务业集群模式研究［J］.经济研究导刊，2012（12）：144 - 145，195.

［76］岳书敬，邹玉琳，胡姚雨.产业集聚对中国城市绿色发展效率的影响［J］.城市问题，2015（10）：49 - 54.

［77］Ugur Soytas，Ramazan Sari. Energy consumption，economy growth，and carbon emission：Challenges faced by an EU candidate member［J］. Ecological Economics，2009（68）：1667 - 1675.

［78］ Tapio P. Towards a theory of decoupling, degrees of decoupling in the EU and the case of road traffic in filand between 1970 and 2001 ［J］. Journal of Transport Policy, 2005（12）: 137 – 151.

［79］ V Andreoni, S Galmarini. Decoupling economic growth from carbon dioxide emissions: A decomposition analysis of Italian energy consumption ［J］. Energy, 2012（44）: 682 – 681.

［80］ Ugur Soytas, Ramazan Sari, Bradley T. Ewing. Energy consumption, income, and carbon emissions in the United States ［J］. Ecological Economics, 2007（62）: 482 – 489.

［81］ Juan C. Gonza, Lez Palencia, Takaaki Furubayashi, Toshihiko Nakata. Analysis of CO_2 emissions reduction potential in secondary production and semifabrication of nonferrousmetals ［J］. Energy Policy, 2013（52）: 328 – 341.

［82］ Stefan Speck. Energy and carbon taxes and their distributional implications ［J］. Energy Policy, 1999（27）: 659 – 667.

［83］ Boyed Pang. Estimating the linkage between energy efficiency and productivity ［J］. Energy Policy, 2000（28）: 289 – 296.

［84］ 胡亦盛, 楼儒铠, 章豪锋. 价值链、供应链与产业链的概念辨析 ［J］. 现代物业（中旬刊）, 2010（6）: 22 – 23, 105.

［85］ 本刊编辑部.《钢铁工业调整升级规划（2016 – 2020 年）》解读 ［J］. 冶金管理, 2016（11）: 4 – 10.

［86］ 詹浩勇. 商贸流通业集聚对制造业转型升级的作用机理——基于集群供应链网络竞合的视角 ［J］. 中国流通经济, 2014（9）: 59 – 65.

［87］ 翁英英. 集群供应链视角下商贸流通业集聚对产业转型升级的作用 ［J］. 商业经济研究, 2015（7）: 26 – 27.

［88］ 任伴雨. 商贸流通业集聚对产业转型升级的作用——基于供应链视角 ［J］. 企业导报, 2016（13）: 111 – 112.

［89］ 申兵, 孙锦. 商贸流通业集聚对我国产业转型升级的作用研

究［J］.商业经济研究，2016（16）：199 – 200.

［90］盛丰.生产性服务业集聚与制造业升级：机制与经验——来自 230 个城市数据的空间计量分析［J］.产业经济研究，2014（2）：32 – 39，110.

［91］陈建军，陈国亮，黄洁.新经济地理学视角下的生产性服务业集聚及其影响因素研究——来自中国 222 个城市的经验证据［J］.管理世界，2009（4）：83 – 95.

［92］李振波，张明斗.生产性服务业集聚发展对区域产业结构优化升级的实证研究——基于长三角 16 个中心城市的面板数据［J］.科技与经济，2015（6）：101 – 105.

［93］惠宁，周晓唯.分项生产性服务业集聚与产业结构升级——来自省级经济数据的实证分析［J］.西北大学学报（哲学社会科学版），2016（4）：94 – 99.

［94］尹传文，李文东.制造业与生产性服务业的产业互动及空间集聚研究［J］.山东行政学院学报，2010（3）：41 – 44，135.

［95］林风霞，袁博.中国先进制造业与生产性服务业互动发展研究［J］.区域经济评论，2015（4）：60 – 64.

［96］高觉民，李晓慧.生产性服务业与制造业的互动机理：理论与实证［J］.中国工业经济，2011（6）：151 – 160.

［97］李猛.生产性服务业与制造业互动机理研究［J］.工业经济论坛，2016（1）：67 – 73.

［98］崔大树，杨永亮.生产性服务业空间分异的动因与表现——一个理论分析框架［J］.学术月刊，2014（3）：94 – 102.

［99］Akamatsu K. A history pattern of economic growth in developing countries［J］. Journal of Developing Ecomomies，1962（1）：1 – 23.

［100］Arthur W Brain. Competing technologies，increasing returns，and lock – in by historical events［J］. Eonomic Journal，1989，99（394）：116 – 131.

［101］ Cristiano Anronelli. Localized technological change and factor markets: Constraints and inducements to innovation ［R］. Working Paper, 2005（3）: 1 – 33.

［102］ Gary Gereffi. International trade and industrial upgrading in the apparel commodity chain ［J］. Journal of International Economics, 1999（48）: 37 – 70.

［103］ Jones C. Intermediate goods and weak links in the theory of economic development ［J］. American Economic Journal, 2011, 4（3）: 1 – 28.

［104］ Antonio K W Lau, Richard C M Yam. Supply chain product development, product modularity and product perfermance: Empirical evidence from Hongkong manufactures ［J］. Industrial Management & Data Systems, 2007, 107（7）: 1036 – 1065.

［105］ Voordijk H, Mei Boom B, Han J. Modularity in supply chains: A multiple case study in the construction industry ［J］. International Journal of Operations Production Management, 2006, 26（6）: 600 – 618.

［106］ Bryank Ritchie. Economic upgrading in a state – coordinated, liberal market economy ［J］. Asia Pacific Journal of Management, 2009（26）: 435 – 457.

［107］ 田雪. 关于物流园区定义的研究 ［J］. 物流技术, 2008（6）: 34 – 36.

［108］ 何黎明. 中国物流园区 ［M］. 北京: 中国物资出版社, 2009.

［109］ 中国物流与采购联合会, 中国物流学会. 第四次全国物流园区（基地）调查报告 ［R］. 2015.

［110］ 颜瑞, 朱晓宁, 张群. 京津冀地区钢铁行业发展现状及未来趋势研究 ［J］. 冶金经济与管理, 2016（6）: 23 – 26.

［111］ 苗长虹. 马歇尔产业区理论的复兴及其理论意义 ［J］. 地

域研究与开发，2004（1）：1-6.

［112］Weber A. 工业区位论［M］.李刚剑等译.北京：商务印书馆，1997.

［113］胡健，焦兵. 空间经济集聚理论的兴起与演进［J］.中国流通经济，2010（4）：38-41.

［114］Thunen J H Von. 孤立国同农业和国民经济的关系［M］.吴衡康译.北京：商务印书馆，1997.

［115］王瑜. 增长极理论与实践评析［J］.商业研究，2011（4）：33-37.

［116］杨虎涛，徐慧敏. 演化经济学的循环累积因果理论——凡勃伦、缪尔达尔和卡尔多［J］.福建论坛（人文社会科学版），2014（4）：28-32.

［117］Liu Weidong, Song Zhouying, Liu Zhigao. Progress of economic geography in China's mainland since 2000［J］. Journal of Geographical Sciences，2016（8）：1019-1040.

［118］贺灿飞，黎明. 演化经济地理学［J］.河南大学学报（自然科学版），2016（4）：387-391.

［119］殷海洋. 经济地理学与区域经济学的关系研究［J］.商场现代化，2014（14）：180-181.

［120］Elvio Mattioli, Giuseppe Ricciardo Lamonica. The world's economic geography：Evidence from the world input-output table［J］. Empirical Economics ，2016，4（50）：697-728.

［121］彭芳梅. 新经济地理学的实证研究进展述评［J］.新疆财经大学学报，2014（2）：5-10.

［122］刘安国，张越，张英奎. 新经济地理学扩展视角下的区域协调发展理论研究——综述与展望［J］.经济问题探索，2014（11）：184-190.

［123］廉勇. 新经济地理学前沿理论模型研究［J］.中国科技论

坛，2014（9）：121 - 126.

［124］Carl Gaigne, Jacques - Francois Thisse. New Economic Geography: Past and future ［J］. Handbook of Regional Science, 2013 （7）：539 - 568.

［125］Bernard Fingleton, Manfred M, Fischer. Neoclassical theory versus new economic geography: Competing explanations of cross - regional variation in economic development ［J］. The Annals of Regional Science, 2009, 6 （44）：467 - 491.

［126］盛斌，王岚. 多样性偏好、规模经济和运输成本：保罗·克鲁格曼的世界——新贸易理论与新经济地理学评述 ［J］. 经济科学，2009 （3）：74 - 83.

［127］G Ellison, E Glaeser. Geographic Concentration in U. S. manufacturing industries: A dartboard approach ［J］. Journal of Political Economy, 1997, 10 （5）：889 - 927.

［128］D Davis, D Weinstein. Economic Geography and Regional Production Structure: An empirical investigation ［J］. European Economic Review, 1999, 43 （2）：379 - 407.

［129］Dr Davis, De Weinstein. Market access, economic geography and comparative advantage: An empirical test ［J］. Journal of International Economic, 1998, 59 （1）：1 - 23.

［130］R C Feenstra, Markusen, A K Rose. Using the gravity equation to differentiate among alternative theories of Trade Canaian ［J］. Journal of Economics, 2001 （2）：430 - 447.

［131］K Head, J Ries. Increasing returnd versus national product differentiation as an explanation for the pattern of U. S. - Canada Trade ［J］. The American Economic Review, 2001 （9）：858 - 876.

［132］G H Hanson, C Xiang. The home market effect and bilateral trade patterns ［J］. American Economic Review, 2004 （4）：1108 - 1129.

[133] 庄晋财, 敖晓红. 创业活动空间选择环境影响因素的实证研究——基于新经济地理学的视角 [J]. 改革与战略, 2016 (3): 116 – 121.

[134] 彭新万. 市场效应与欠发达地区产业集聚: 新经济地理学文献梳理与案例分析 [J]. 经济管理, 2015 (5): 32 – 39.

[135] 颜银根, 安虎森. 中国分割的经济空间: 基于区域间经济增长溢出的实证研究 [J]. 当代经济科学, 2014 (4): 47 – 57, 125 – 126.

[136] 樊鹏. 钢铁物流园区选址原则与特点分析 [J]. 冶金经济与管理, 2013 (3): 25 – 26.

[137] 刘瑞杰. 现代钢铁物流园区规划设计研究 [J]. 物流工程与管理, 2012 (12): 47 – 48.

[138] 马亚东. 中国钢铁物流园规划实务 [M]. 北京: 中华工商联合出版社, 2017.

[139] 王中和. 以交通一体化推进京津冀协同发展 [J]. 宏观经济管理, 2015 (7): 44 – 47.

[140] 裴莹莹, 冯慧娟, 薛婕, 杨占红, 王晓, 罗宏. 京津冀地区环保产业发展战略 [J]. 环境与可持续发展, 2015 (5): 124 – 128.

[141] 李新创. 钢铁治霾——生存的选择 [J]. 财经国家周刊, 2017 (5): 6 – 10.

[142] 于洋, 于薇, 吕康银. 区域经济增长不平衡与收入分配地区间差异——基于协整分析和 Granger 因果检验的实证分析 [J]. 税务与经济, 2016 (4): 37 – 44.

[143] 宋加山, 邓金堂, 黄亭. 基于协整理论和 Granger 检验的美国虚拟经济与实体经济背离研究 [J]. 科技进步与对策, 2015 (15): 49 – 53.

[144] Farhad Ghassemi Tari, Zahra Hashemi. A priority based genetic algorithm for nonlinear transportation costs problems [J]. Computers & Industrial Engineering, 2016 (96): 86 – 95.

[145] 陆建忠. 《钢分类》与金属制品常用钢材 [J]. 金属制品,

1993（1）：39 – 41.

[146] 陈国亮. 新经济地理学视角下的生产性服务业集聚研究[D]. 浙江大学博士学位论文，2010.

[147] 程珩，牟瑞芳. 物流配送中心选址的重心法探讨 [J]. 交通运输工程与信息学报，2013（1）：91 – 95.

[148] 朱晓敏，张兆强，乔魏乾. 基于重心法与物流量预测的物流园区选址 [J]. 物流技术，2011（9）：88 – 92.

后　记

　　本书是在导师李京文院士的悉心指导和热忱关心下完成的。在本书的选题、课题研究及撰写、修改的过程中，无不凝聚着老师的心血。我的每一次进步、每一点儿成果均离不开先生的辛勤培养。老师认为，管理科学就应该大胆假设、小心求证，他鼓励我在学科发展的前沿研究中不畏艰险、勇往直前、敢于创新。老师在科学研究中严谨求实的治学态度，广博精深的学术水平，创造性的学术思维，将使我终身受益。另外，老师和师母余平教授在我学习、生活上给予的关心使我深受教育和感动，他们相濡以沫的情怀让我感佩至深。在此特向老师和师母致以衷心的感谢和崇高的敬意！

　　在课题研究过程中，冯秀珍、刘治彦、樊明太、葛新权、马慧、王宏伟、郭金龙、李军、李志军、尹美群、朱才斌、张秋生、张国初、杨松令、张永安、宗刚、王江等，给予我真诚、热情的指导，在此谨表示诚挚的感谢！尤其是刘治彦和樊明太教授，高屋建瓴，一针见血地指出了我研究中的欠缺，使我少走了很多弯路，感佩至深！

　　在对京津冀部分钢厂和钢铁物流园调研的过程中，我的钢铁网（Mysteel.com）的陈总、首钢总公司的汪处长、河钢集团电商平台的李总，以及北京及唐山地区部分钢铁物流园的王总和蔡总，给予了我工作上和生活上的诸多照顾，使我能及时收集宝贵数据，了解行业动态，对本书的实际意义有了更深的理解，并使我在最迷茫的时候有了坚持完成本书的动力。鉴于很多调研属于私人的帮助，故不能一一列举其名，但大恩永记心间！

最后，感谢我的父母、家人和朋友，他们对我的理解、支持和帮助，是难以用语言表达的。父母无私的爱让我终生难以偿还！还有我的儿子，给予了我更多精神上的鼓励和支持！他们是我毕生努力的动力和源泉！

　　谨以此书献给所有关心、鼓励和帮助过我的人们！